Detlev Reich

GOTTESDIENST HANDBUCH

Stilmittel, Strukturen und Modelle
für Gottesdienste am Puls der Zeit

Gottesdienst-Handbuch

Stilmittel, Strukturen und Modelle für Gottesdienste am Puls der Zeit

Lektorat: Ineke Scholz

Druck und Herstellung: AALEXX Buchproduktion GmbH

Bildnachweis: ©iStockphoto.com/ewg3D -/mstay -/enjoynz -/7io -/popay

Bibelzitate: Gute Nachricht Bibel, revidierter Text, durchgesehene
Ausgabe © 2000 Deutsche Bibelgesellschaft, Stuttgart

ISBN-Nr. 978-3-940326-42-3

Aktuelle Infos unter www.detlev-reich.de

INHALT

Wie du dieses Buch gebrauchen kannst 10

Brainstorming 13
Einleitung Brainstorming 14
Storyboard 16
Kopfstandtechnik 18
Mind Mapping 20
635-Methode/Brainwriting Pool 22
Morphologischer Kasten 24
Disney-Methode 26
Denkhüte 28

Stilmittel 29
Einleitung Stilmittel 30
Plot Point 32
Cliffhanger 34
Der verbotene Ort 36
Bluffen und Täuschen 38
Überspitzung 40
Provokation 42
Verfremdung 44
Rätsel 46
Widerspruch konstruieren 48
Erste Ablehnung 50
Spannung durch Verzögerung 52
Fallhöhe verstärken 54
Clean Entrance & Exit 56
Imagetransfer 58

Sehen ist glauben 60
Brain-Scripts 62

Kreative Elemente **65**
Einleitung kreative Elemente in einem Gottesdienst 66
Videoclips im Gottesdienst 68
Theaterstücke im Gottesdienst 70
Musik im Gottesdienst 72
Tanz im Gottesdienst 74
Interview in einem Gottesdienst 76

Programmreihenfolge **79**
Einleitung Programmreihenfolge 80
Fokussierte Erzählweise 82
Chronologische Erzählweise 84
Umgekehrte Chronologie 86
Dialektik 88
Bedürfnisorientierte Erzählweise 90
Storydesign 92
Heldenreise (Kurzform) 94
Drei-Akte für eine Veranstaltung 96

Moderation **99**
Einleitung Moderation 100
Gerade Moderation 102
Fokussierende Moderation 104
Aufziehende Moderation 106
Quereinsteiger 108

Analogie 110
Dreier-Schritt Moderation 112
Emotionen aufgreifen 114
Moderation nach der Predigt 116

Rede & Predigt **117**
Einleitung Rede & Predigt 118
Fünf Elemente, um zu überzeugen 119
Grundlagen der Schlagfertigkeit 120
Visualisierung/Analogie 122
Schema des Redenverfassens 123
Fragen zur Vorbereitung 124
Einleitung Gliederungen 126
Klassische Predigt 127
5-Punkte-Formel 128
AIDA 129
Plus-Minus-Schema 130
GHM-Formel 131
1-2-3 Formel 132
Standpunktformel 133
Problemlösungsformel 134
Dialektischer Fünfsatz 135
Dankrede 136
Trauerrede 137

Diverses **139**
Bestandteile eines Events 140
Goldenes Dreieck 142

Übergänge   144
Prozessablauf Gottesdienst   146
Feedback geben   149
Gezieltes Feedback   150
Feedback erhalten   151
Feedback-Modell   152

Anhang   **155**
Beispiel für Storydesign   156
Beispiel für Heldenreise (Kurzform)   157
Literaturverzeichnis   158

Für wen ist dieses Buch?

Dieses Buch ist für Menschen geschrieben, die einen Gottesdienste gestalten, vor anderen Leuten sprechen oder sich kreativ in einer Kirche einbringen.

Was du in diesem Buch findest

Dieses Buch zeigt verschiedene Strukturen, Abläufe und Ideen für einen Gottesdienst auf. Auch für andere Teams in einer Kirche können diese Themen eine Hilfestellung sein. Die Modelle und Methoden können deinem Arbeitsfeld neue Impulse und Ansätze bieten und diesen bereichern.

Wie du dieses Buch gebrauchen kannst

Dieses Buch dient als Arbeitsbuch. So kannst du die verschiedenen Themen in deinen Arbeitsbereich hineinfließen lassen: nachschlagen, ergänzen, überarbeiten uvm. Es dient auch als Fortführung und als Arbeitsmaterial der bisher erschienenen Bücher: „Der Gottesdienst-Trainer" und „Der Moderations-Trainer".

Die Strukturen und Abläufe sollen eine Hilfestellung geben. Denn durch eine neue Betrachtungs- und Vorgehensweise können Begabungen entdeckt und neue kreative Elemente entwickelt werden. Eine Struktur kann einen kreativen Prozess neu inspirieren und verhilft zu neuen kreativen Ergebnissen. Dabei müssen die Strukturen nicht als starr und als Schablone angesehen werden, sondern als flexible Unterstützung.

Das Denken sucht immer nach Ordnung und Systemen. So können die hier gezeigten Modelle einen ersten Schritt für einen neuen Über- und Ausblick geben. Jedoch benötigt alles noch deine Ideen und Kreativität, um diese mit Leben zu füllen.

Manche Elemente erscheinen dir sofort umsetzbar und andere in sehr weiter Ferne. Jedoch können die verschiedenen Konzepte in unterschiedliche Bereiche hineinfließen. Behalte diese einfach im Hinterkopf und schlage gerade bei der Vorbereitung die unterschiedlichen Modelle nach.

Wir haben als Kirchen eine so wichtige Nachricht von Jesus Christus. Diese gilt es auch im Gottesdienst zu kommunizieren. Die Menschen heute sind es gewohnt, im Fernsehen, im Theater oder bei Musicals hohe Qualität geboten zu bekommen und Moderatoren und Performer zu erleben, die gekonnt kommunizieren. Wenn wir als Kirche diese Menschen erreichen möchten, dann müssen auch wir uns Fragen zur Qualität unseres Auftritts und der Art unserer Kommunikation stellen und daran arbeiten. Die folgenden Stilmittel, Methoden und Strukturen sollen genau dazu einen Beitrag leisten.

BRAINSTORMING

Einleitung Brainstorming

Allgemein

Optimal ist es, mit einer Gruppe aus fünf bis zehn Personen zusammen zu „brainstormen". Eine klare Aufgabenstellung mit einer Zielvorgabe ist wichtig. Es ist hilfreich, vorab einen klaren zeitlichen Beginn- und Endpunkt zu definieren. In dieser Zeit gilt: keine Störungen und Unterbrechungen. Denn diese behindern einen kreativen Prozess.

Vier grundsätzliche Regeln gelten beim Brainstorming:

- Kombinieren und Aufgreifen von bereits geäußerten Ideen.
- Kommentare, Korrekturen, Kritik sind verboten (1.Phase).
- Viele Ideen in kürzester Zeit (Zeitrahmen ca. 5-30 min).
- Freies Assoziieren und Phantasieren ist erlaubt.

Phase Eins: Ideen finden

In dieser Phase gelten folgende Grundregeln:

- Keine Kritik an anderen Beiträgen, Ideen oder Lösungsvorschlägen.
- Keine Wertung oder Beurteilung der Ideen.
- Jeder soll seine Gedanken frei äußern können.
- Keine Totschlagargumente.
- Je kühner und phantasievoller, desto besser.

Phase Zwei: Ergebnisse sortieren und bewerten

Hier geht es um die Bewertung und Sortierung der Ideen:

- Ideen werden sortiert.
- Ideen werden bewertet und auf ihre Umsetzbarkeit hin geprüft.
- Ergebnisse und Ideen werden schriftlich fixiert.

Diese Regeln gelten allgemein für fast jede Art von Brainstorming. Darüber hinaus gibt es verschiedene Möglichkeiten, den Ideenfindungsprozess konkret zu gestalten. Im Weiteren werden einige dieser Varianten vorgestellt.

Storyboard

Die Ideen werden mit einem bis drei Worten umrissen
und auf eine Karte geschrieben. Diese wird dann an eine
Tafel gehängt. Dabei sollte diese Idee mit eigenen Worten
der Gruppe kurz beschrieben werden. Man kann die Karte
bereits bestehenden Überbegriffen, die an der Tafel hängen,
zuweisen (z. B. Theater, Moderation, Video). Dies ist die
Phase Eins.

Beispiel:
*Keymessage: Durch Jesus haben wir eine Beziehung zu Gott
und können mit ihm kommunizieren.*

*Innerhalb dieser Hauptaussage wird auf der Karte geschrie-
ben: „Theater mit Verbindungsstörungen". Erklärung des
Teilnehmers dazu für die Gruppe: Wir entwickeln ein
Theaterstück/Videoclip, bei dem sich zwei Leute per Telefon
unterhalten. Aber ständig gibt es Unterbrechungen, die man
aber übergeht. Dadurch entsteht auf Grund der Missver-
ständnisse eine witzige Situation. Ziel: Auf lockere Art
aufzeigen, was bei fehlender Verbindung passieren kann.*

Anschließend beginnt die Phase Zwei: Die Ideen werden
gegliedert und gleiches wenn möglich zusammengefasst.
Was ist ähnlich, ergänzend oder widerspricht sich? Was
kann man aufgrund der gegebenen Rahmenbedingungen
umsetzen? Welche Kritikpunkte gibt es zu den Ideen?
Welche Idee findet keine Verwendung?

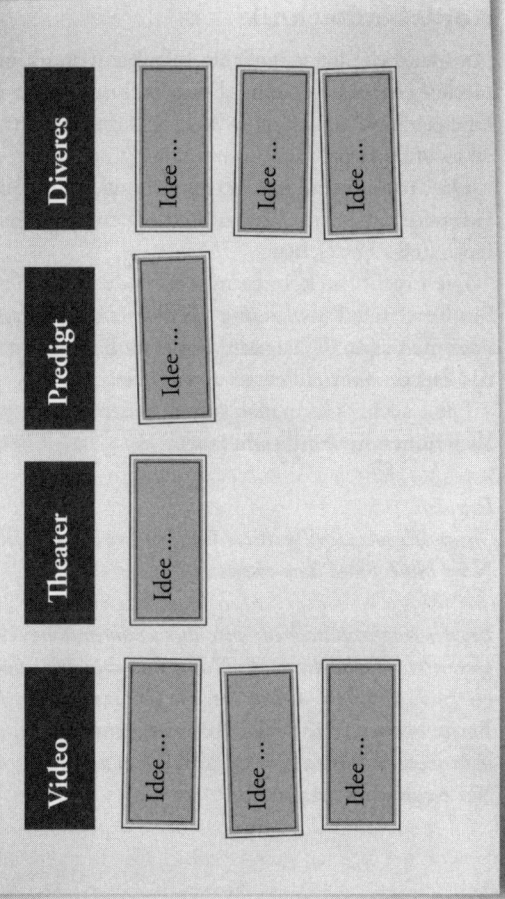

Video

Idee …

Idee …

Idee …

Theater

Idee …

Predigt

Idee …

Diveres

Idee …

Idee …

Idee …

17

Kopfstandtechnik

Hier wird die ursprüngliche Aufgabenstellung ins komplette Gegenteil verkehrt. Diese Technik macht sich die Eigenart des Menschen zu Nutze, Negatives schneller zu erfassen als Positives.

Das Problem wird um 180° umformuliert. Ein hilfreicher Gedanke dabei ist: „Was müssen wir tun, um genau das Gegenteil zu erreichen?"

Die Ergebnisse können nun entweder als Hilfestellung für die weitere Entwicklung der Elemente genutzt werden oder man kann die negierte Umformulierung nutzen, um das Ziel des Gottesdienstes zu erreichen.

Diese Technik kann man auch in anderen Brainstorming-Variationen mit einfließen lassen.

Beispiel:
Thema/Keymessage: Vertraue Gott, indem du dich in Gottes Nähe begibst und dort gesegnet wirst.

Bei der Kopfstandtechnik wird dies umformuliert: Vertraue Gott nicht, suche nicht seine Nähe und du wirst auch nicht gesegnet. Mit dieser neuen Vorgabe geht man weiter ins Brainstorming. Wie kann man kreativ ausdrücken, wenn man jemand nicht vertraut? Wie sieht es aus, wenn man das Weite von einer Person sucht?

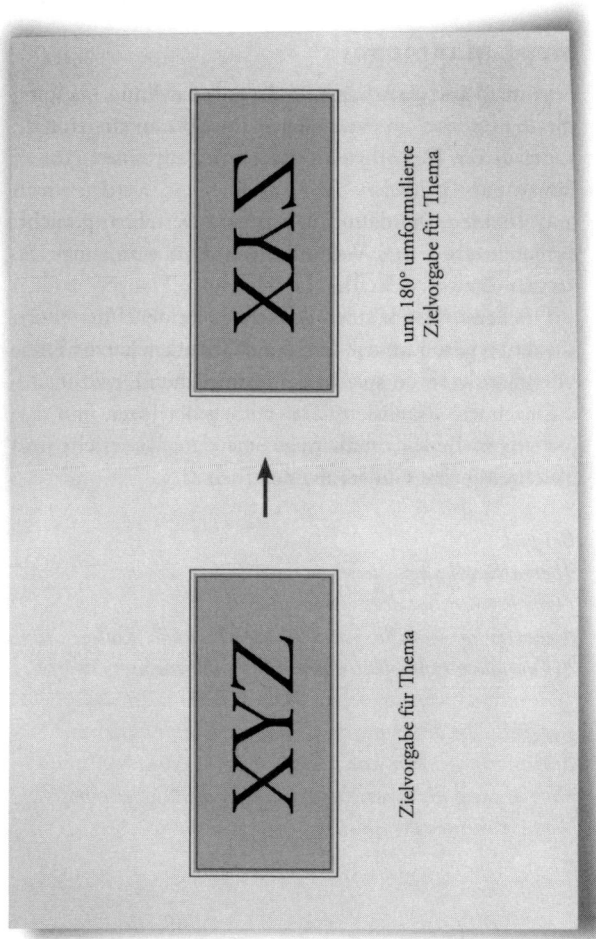

Zielvorgabe für Thema

um 180° umformulierte
Zielvorgabe für Thema

19

Mind Mapping

Begrifflich und als Arbeitsmittel wurde das Mind Mapping von dem britischen Psychologen Tony Buzan eingeführt.

Bei dieser Technik wird das Thema auf einen großen Bogen Papier geschrieben. Anschließend werden Ideen und Themen, die damit in Verbindung stehen, gesucht, aufgeschrieben und Verbindungen dazu gezeichnet. So können die von dem Thema ableitenden Hauptgedanken auf dickeren Hauptlinien gezeichnet werden. Aus diesen wiederum gehen weitere Ideen und Gedanken hervor. Diese Vorgehensweise entspricht dem natürlichen Denkmuster.

Durch die visualisierte Darstellung der Ideen und den jeweiligen Bezug erhält man eine gute Übersicht und gleichzeitig eine Gliederung des Themas.

Beispiel:
Thema Vergebung.

Abzweigung: Familie, Vater, Mutter, Freunde, Kollegen usw.
Abzweigung: sich selbst, warum, Annahme usw.

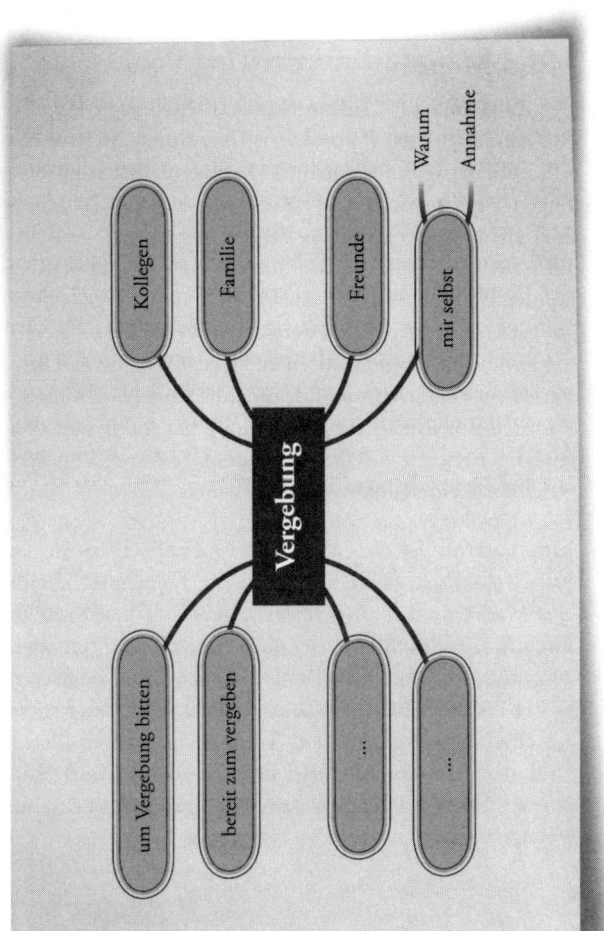

Kollegen

Familie

Freunde

mir selbst

Warum

Annahme

Vergebung

um Vergebung bitten

bereit zum vergeben

...

...

635-Methode/Brainwriting Pool

Bei Anwendung der Methode 635 erhalten sechs Teilnehmer ein jeweils gleich großes Blatt Papier. Dieses wird mit drei Spalten und sechs Zeilen in 18 Kästchen aufgeteilt. Jeder Teilnehmer wird aufgefordert, in der ersten Zeile drei Ideen (je Spalte eine) zu formulieren. Jedes Blatt wird nach angemessener Zeit – je nach Schwierigkeitsgrad der Problemstellung etwa drei bis fünf Minuten – von allen gleichzeitig, im Uhrzeigersinn weitergereicht. Der Nächste soll versuchen, die bereits genannten Ideen aufzugreifen, zu ergänzen und weiterzuentwickeln. Man kann diese Methode auch mit weniger Personen durchführen. Anschließend werden die Ideen besprochen, sortiert und auf ihre Umsetzbarkeit hin überprüft.

Eine Variante ist das „Brainwriting-Pool". Dazu liegen Karten auf dem Tisch, auf denen die Teilnehmer jeweils eine Idee vermerken. Anschließend geben sie diese Karte an ihren rechten Nachbarn, der diese ergänzt, erweitert oder, aufgrund des Schreibens seiner eigenen Karte, ungelesen weiter reicht. Erhält man seine Karte zurück, wird diese auf einen Stapel gesammelt. So erhält man einen Ideen-Pool, den man anschließend auswerten kann. Vertiefend können noch Karten aus dem Pool gezogen und diese ergänzt werden.

Idee 1	Idee 2	Idee 3
Meine Idee A	Meine Idee B	Meine Idee C
Deine Idee über A	Deine Idee über B	Deine Idee über C
...	...	...

Morphologischer Kasten

Der morphologische Kasten ist eine systematisch heuristische Kreativitätstechnik nach dem Schweizer Astrophysiker Fritz Zwicky (1898–1974).

Vorgehensweise

Für eine Fragestellung werden die bestimmenden Merkmale (auch Attribute, Faktoren, Parameter, Dimensionen genannt) festgelegt und untereinander geschrieben. Bei dem Beispiel in der Grafik sind es verschiedene Elemente in einem Gottesdienst. Dann werden alle möglichen Ausprägungen des jeweiligen Merkmals rechts daneben geschrieben. Danach wird aus jeder Zeile eine Ausprägung des Merkmals gewählt, wodurch eine Kombination von Ausprägungen entsteht (siehe Beispiel). Auch innerhalb kreativer Elemente kann so für deren Entwicklung vorgegangen werden.

Beispiel: Videoclip
Merkmale: Kamera, Licht, Ton, Musik, Art usw.
Ausprägungen für die Merkmale benennen und anschließend einzeln/gemeinsam die Auswahl begrenzen.

Durch diese Technik entsteht eine Übersicht von verschiedenen Möglichkeiten, die man so gezielt auswählen kann. Dieser Auswahlprozess kann mehrmals durchgeführt werden. Mit den entstandenen Kombinationen von Ausprägungen können weitere Ideen entwickelt werden.

Merkmale	Ausprägung						
Predigt	erzählend	Lehre	Talk	Vorlesung	komisch	ernst	
Moderation	seriös	lustig	unterhaltend	ernst	hinführend	authentisch	
Lobpreis	mitreissend	ruhig	Pop	Pop/Rock	Liedermacher	Hillsong	Vinyard
Solosong	andächtig	aufheiternd	episch	ruhig			
Stimmung	fröhlich	ausgelassen	andächtig	ruhig	ernst		
Theater	überspitzt	komisch	ernst	real	sinnbildlich	mit Humor	hinführend
Interview	1 Person	2 Personen	3 Personen	4 Personen	5 Personen	6 Personen	
Abendmahl	liturgisch	abholen	durch Reihen	während Musik	nach GD	mit Einleitung	ohne Einleitung

Disney-Methode

Die Walt-Disney-Methode ist eine Kreativitäts-Methode auf der Basis eines Rollenspiels. Aufgrund der verschiedenen Rollenvorgaben wird das Problem oder die Idee betrachtet und weiterentwickelt.

Als Kreativitäts-Methode funktioniert die Walt-Disney-Methode am besten mit vier statt nur der offiziellen ersten drei Rollen:

- Träumer (Visionär, Ideenlieferant)
- Realist (Realist, Macher)
- Kritiker (Qualitäts-Manager, Fragensteller)
- Neutrale (Beobachter, Berater)

Es werden vier Stühle mit den jeweiligen Rollen benannt. Nachdem das Problem oder die Idee genannt wurde, begeben sich die Personen auf die jeweiligen Stühle und nehmen deren Merkmale an. Im Gespräch werden nun Lösungsansätze besprochen und Ergebnisse sortiert. Steht ein erster Standpunkt fest, werden die Rollen getauscht und man bespricht die Vorgaben erneut, bis ein guter Entwicklungsstand erreicht ist.

✎ siehe auch Brainstorming: Denkhüte (S.28)

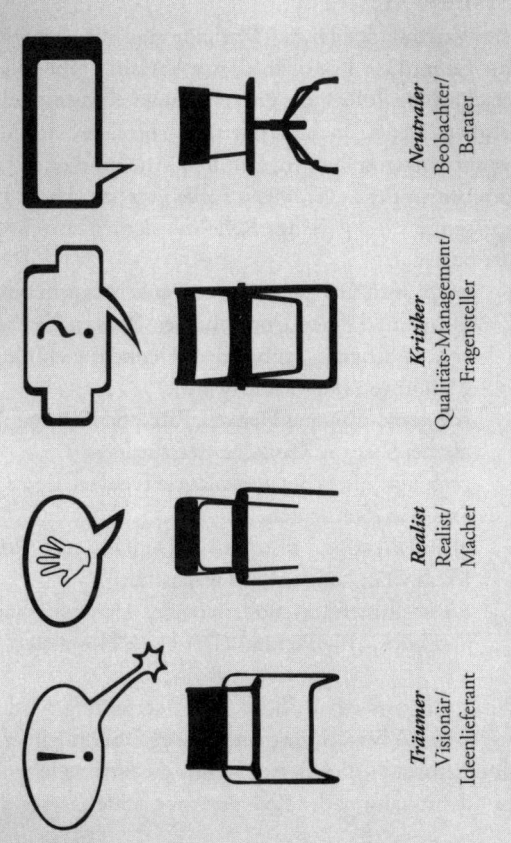

Träumer
Visionär/
Ideenlieferant

Realist
Realist/
Macher

Kritiker
Qualitäts-Management/
Fragensteller

Neutraler
Beobachter/
Berater

Denkhüte

Eine Variante der Disney Methode sind die „Denkhüte" von Eduard de Bono. In dieser Variante gibt es sechs verschiedene Rollen, die die Teilnehmer abwechselnd einnehmen. Den Teilnehmern wird entsprechend der Art, in der sie denken sollen, ein Hut bzw. Armband oder Tischkärtchen in der zugehörigen Farbe gegeben. Diese Farbe repräsentiert die jeweilige Rolle mit den entsprechenden Attributen.

- **weiß**: analytisches, objektives Denken, es geht um Tatsachen und deren Umsetzbarkeit (Das weiße Blatt)
- **rot**: emotionales, subjektives Denken, Gefühle und Meinungen (Feuer und Wärme)
- **schwarz**: kritisches Denken, Risikobetrachtung, Probleme, Skepsis, Kritik (Schwarzmalerei)
- **gelb**: optimistisches, spekulatives Denken, Best-Case-Szenario (Sonnenschein)
- **grün**: kreatives, assoziatives Denken, neue Ideen, Kreativität, konstruktiv (Wachstum)
- **blau**: ordnendes, moderierendes Denken, Prozessüberblick, „Big Picture" (Der blaue Himmel)

Durch die unterschiedliche Rollenverteilung wird eine ausgewogene Betrachtung der Zielvorgabe ermöglicht. Ein Moderator sollte bei dieser Variante die Sitzung leiten und auf die Einhaltung der Rollenvorgabe achten.

✎ siehe auch Brainstorming: Disney-Methode (S.26)

STILMITTEL

Einleitung Stilmittel

Stilmittel können in verschiedenen Bereichen und Elementen zum Zug kommen. Du kannst diese bei Videoclips, Theaterstücken, Predigten usw. anwenden. Es ist auch möglich die Stilmittel z. T. für einen gesamten Ablauf eines Gottesdienstes zu nutzen.

Bei der Auswahl der Stilmittel solltest du darauf achten, dass diese das Thema und die Geschichte unterstützen und nicht als reiner Effekt verwendet werden. Verschiedene Stilmittel ergänzen sich sehr gut und andere wiederum können zusammen überladend wirken. Darum empfiehlt es sich, eine bewusste Wahl zu treffen und diese auf ihre Tauglichkeit hin zu überprüfen. So kann je nach Art des Stilmittels ein anderes Ziel verfolgt werden: Gemeinsamkeiten/Unterschiede, Verständnis, Notwendigkeit etc. aufzeigen.

Stilmittel sind eine gute Möglichkeit, das Thema eines Gottesdienstes den Zuschauern nahe zu bringen, ihre Aufmerksamkeit zu erhöhen und den Inhalt optimal zu vermitteln. Durch Stilmittel kann eine Spannung aufgebaut werden, welches das Interesse der Zuschauer an das Thema erhöht.

Wenn man rhetorische Elemente und Strukturen verwendet geht es in erster Linie um den Inhalt. Dieser sollte dem Publikum zum Vorteil und nicht zum Nachteil dienen. Ist der Inhalt für den Hörer zum Vorteil gedacht, kann so ein gut gewähltes Stilmittel die Kommunikation und die Begeisterung für den Inhalt fördern.

Themen, Botschaften und Inhalte benötigen mehr als nur reine Sachinhalte und Berichte. Für eine gute Kommunikation braucht es eine gute Aufmerksamkeit, Spannung, Geschichten und Emotionen. Denn durch eine gewisse emotionale Aufladung des Themas, wird der Inhalt für die Menschen erst verständlich.

Tipp

Beschäftige dich mit den verschiedenen Stilmitteln und behalte sie im Hinterkopf. Gerade beim Brainstorming oder dem Ausarbeiten von kreativen Beiträgen, können diese einen wichtigen Beitrag leisten. So können die eigene Arbeit und ihre Wirkung mit diesen Strukturen besser verstanden werden und neue Ergebnisse erzielt werden.

Plot Point

Ein Plot Point ist eine neue Botschaft, eine Information, ein Ereignis oder eine Überraschung, die in das Denkmuster oder in die vorgegebene Richtung eingreift und dem Thema eine neue Dimension oder Richtung gibt. Etwas anderes als das, womit gerechnet wurde, tritt ein. Gerade bei üblichen Abläufen kann somit eine Abwechslung eingebaut werden.

Ein sogenannter Wendepunkt hat eine vierfache Wirkung: Überraschung, gesteigerte Neugier, Einblick und eine neue Richtung.

Live-Events leben von dem Neuem und Unerwartetem, das aber direkt mit dem Thema zu tun haben muss.

Beispiel:
Im Rahmen eines Themas: „Mit Gott in Verbindung"
wird das Keyvisual (Schlüsselbild) „Handy" benutzt. Um
mit Gott in Verbindung zu treten, sollte der "Empfang"
stimmen, muss man die "Verbindung annehmen" usw. Alles
wird mit dem Beispiel Handy erklärt. In der Predigt wird
dieses Bild weiter auf das Thema hin übertragen. Und dann
wird ein iPhone vom Prediger verschenkt. Dies erwartet
niemand, kommt überraschend, macht neugierig, schafft
einen tieferen Einblick in das Thema und führt es direkt
weiter: Jesus verschenkt sich dir, du musst das Geschenk nur
annehmen.

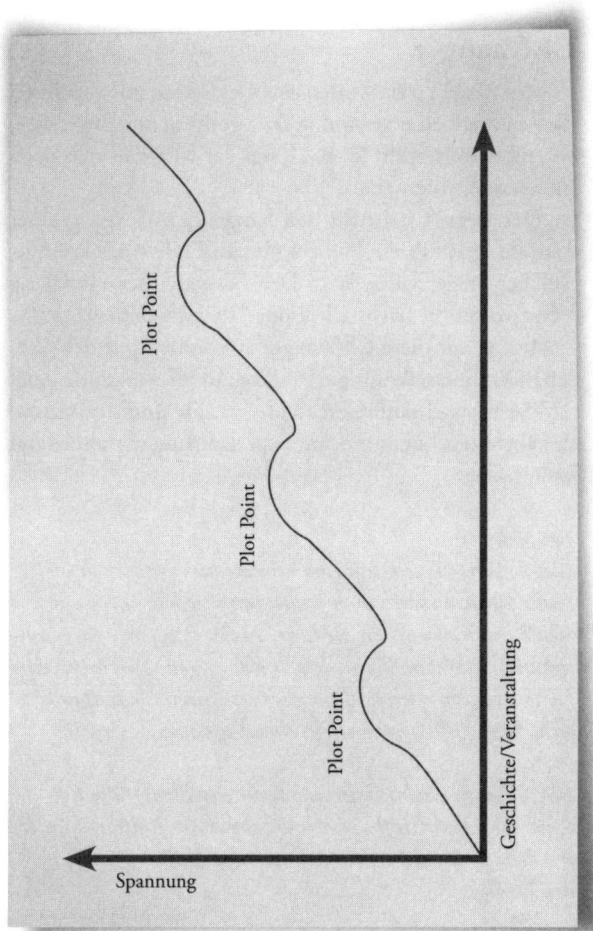

Plot Point

Plot Point

Plot Point

Spannung

Geschichte/Veranstaltung

Cliffhanger

Es wird mit ein paar Worten eine Geschichte nur angerissen und dadurch eine Spannung erzeugt. Man möchte wissen, wie diese weitergeht (z. B. „Kann der Kletterer sich noch halten oder stürzt er ab?").

„Der Begriff steht für den hängenden Ausgang einer Handlung auf ihrem Höhepunkt am Ende einer Episode, welcher Fragen offen lässt. Den Fortgang der Handlung beantwortet die nächste Episode." (www.wikipedia.de)

Man kennt diese Cliffhanger aus Serien und den Vorschauen für das künftige TV-Programm. Am Ende einer TV-Serie wird eine Geschichte erzählt und auf Grund des abrupten Endes möchte man den Ausgang unbedingt weiter sehen.

Beispiele:
Idee 1: Wenn es sich um eine Veranstaltung mit einer Pause handelt, kann man gezielt unmittelbar davor einen Cliffhanger setzen, um die Leute in der Pause zur Kommunikation und zum Weiterdenken anzuregen. Dies kann eine Konfrontation oder ein besonders exponierter Standpunkt sein. Ein Cliffhanger erstrebt eine Auflösung.

Idee 2: Ist in einem Gottesdienst vor der Predigt die Kollekte, kann ein Cliffhanger bewusst vor der Kollekte gestellt werden. Umso mehr erwartet man die Auflösung z. B. in der Predigt.

Frage: Wird er es schaffen? Wie geht es weiter?

Pause/Unterbruch
nach Teaser

→

erzeugt Spannung
und Wunsch nach
Auflösung

Der verbotene Ort

Hinter diesem Stilmittel steht die Idee, einen Bereich durch ein zeitweiliges „Verbot" interessanter zu machen und so die Aufmerksamkeit der Gottesdienstbesucher zu wecken. Kommen diese schließlich an diesem Ort an, haben sie also diesen „verbotenen Ort" erobert, fühlen sie sich ein wenig als „Auserwählte". Es erzeugt Exklusivität. Der Zugang zu einem Bereich o. ä. wird in irgendeiner Form erschwert. Der Besucher hat zwar eine gewisse Vorstellung von diesem Ort, muss aber zuvor ein Hindernis überwinden.

Sinn und Zweck dieser Dramaturgie ist es, Personen für das Angebotene zu gewinnen und zu begeistern. Bei diesem Stilmittel muss man darauf achten, ob die eigenen Werte nicht vernachlässigt werden (z. B. Offenheit, für jeden leicht erreichbar). Es kann jedoch bei einem richtigen Kontext sehr unterstützen.

Beispiele:
Idee 1: Bei einem Thema wie „Abenteuer" kann durch die „Überwindung" eines (leicht) (sicht-) versperrten Einganges, der Inhalt erlebbarer gemacht werden.

Idee 2: Geht es um Themen wie „Wertvoll", können extra ausgegebene Tickets für die Veranstaltung dies vertiefen.

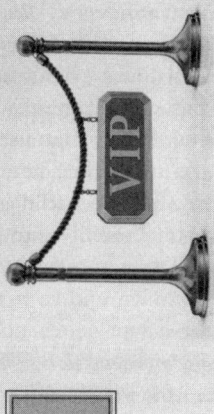

Zugang zu Orten verzögern

↓

erzeugt Spannung

Ziel des Stilmittels: Wertsteigerung

Zuschauer fühlt sich:
dazugehörig, selbstbewusst, exklusiv

Bluffen und Täuschen

Ein Sachverhalt wird bewusst falsch dargestellt, um die Zuschauer zum Widerspruch anzuregen. Dies kann schon durch ein provokantes Ändern eines Bibelverses beim Vorlesen erzeugt werden. Ziel ist es, die Zuschauer zum Mitdenken und aktiven Zuhören anzuregen.

Dieses Stilmittel kann auch bei Theaterstücken oder Videoclips für Personen genutzt werden, die etwas anderes vorgeben, als sie wirklich sind oder beabsichtigen (gut/böse, wahr/falsch, Freund/Feind, Helfen/Eigennutz etc.).

Beispiel:
Einen Bibelvers falsch vorlesen:
„Gott hat die Menschen so sehr geliebt, dass er seinen einzigen Sohn hergab. Nun werden alle, die sich auf den Sohn Gottes verlassen, (nicht) zugrunde gehen, (sondern) und auch nicht ewig leben."

Dies ruft stille oder laute Proteste hervor, was wiederum die Aufmerksamkeit erhöht. Durch die richtige Wiederholung des Bibelverses, wird seine Aussage betont:

„Gott hat die Menschen so sehr geliebt, dass er seinen einzigen Sohn hergab. Nun werden alle, die sich auf den Sohn Gottes verlassen, nicht zugrunde gehen, sondern ewig leben."
Johannes 3,16

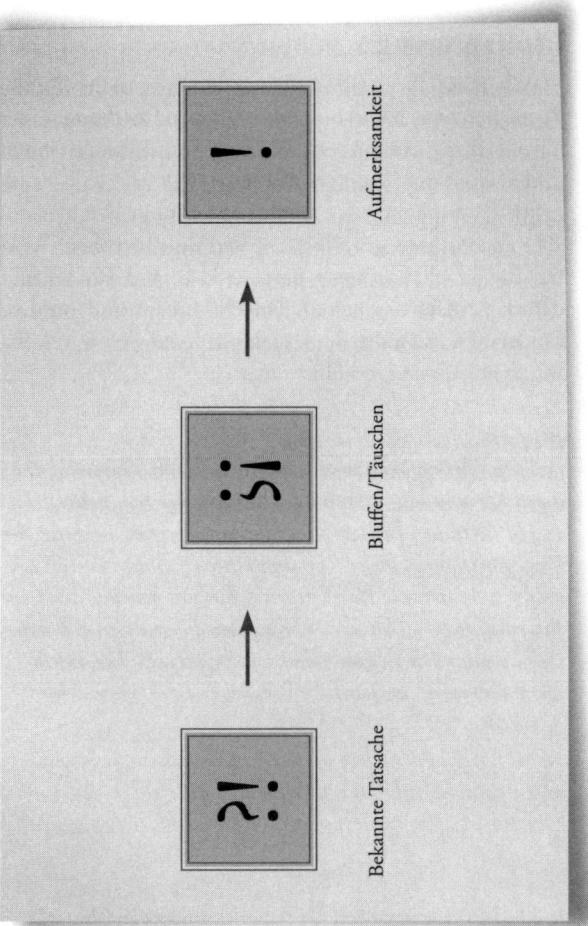

Bekannte Tatsache → Bluffen/Täuschen → Aufmerksamkeit

Überspitzung

Durch eine Übertreibung kann das eigentliche Thema deutlicher werden und man wird darauf aufmerksam. Diese Überspitzung kann in verschiedenen Programmelementen und auch in der Predigt einfließen.

Die Überspitzung des Themas kann im Realen bleiben, aber auch in eine unrealistische Version übergehen. Wird das Thema sehr überzogen dargestellt, kann der Zuschauer darauf amüsiert reagieren. Durch Humor und positive Emotionen kann die Bereitschaft sich auf den folgenden Inhalt einzulassen, erhöht werden.

Beispiel:
Bei dem Thema Vertrauen wird durch einen Videoclip, The-
aterstück oder auch durch das Erzählen die Konsequenz des
„nicht vertrauen können" überspitzt aufgezeigt. So kann der
Protagonist nicht mehr Fahrstuhlfahren („Stürzt er ab?"),
anderen Leuten die Hand geben („Ist diese gewaschen?"), im
Bus mitfahren („Hat der Fahrer einen Führerschein?") usw.
Die Person kann in einer überspitzen Art seinem Umfeld
nicht vertrauen. So wird die Wichtigkeit des Themas ver-
deutlicht.

✆ siehe auch Programmreihenfolge: Bedürfnisorientierte Erzählweise (S.90)

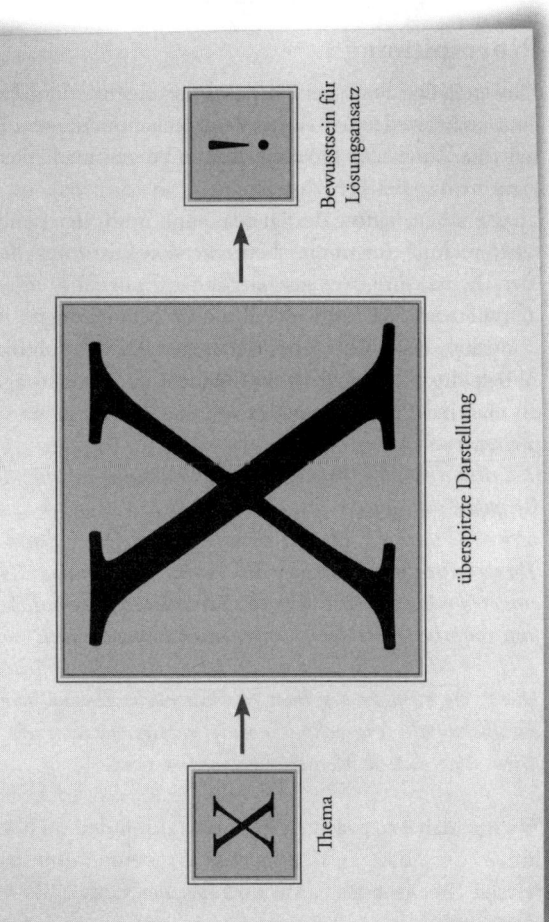

Thema

überspitzte Darstellung

Bewusstsein für Lösungsansatz

Provokation

Dies kann eine Form der Überspitzung sein. Es geht darum, eine Reaktion von den Gottesdienstbesuchern zu provozieren (die Zuschauer möchten Kontra geben; man erzeugt Empörung bei den Zuschauern). So kann dies in ein Theaterstück, Video, Predigt oder ähnlichem eingebunden werden. Auch schon eine bewusst provokant formulierte Aussage, die mit einer anschließenden Pause (fünf Sekunden) betont wird, kann eine Reaktion hervorbringen.

Wichtig bei diesem Stilmittel ist es, nicht das Publikum zu beleidigen. Je nach Art und Weise muss man abwägen, ob man das Publikum darauf vorbereitet oder es bewusst überrumpelt.

Beispiele:
Idee 1: Es wird die folgende Aussage getätigt (im Video, Theater, Predigt etc.): In der Bibel steht, das Gott das Gebet eines Gerechten erhört. Was musst du alles in deinem Leben falsch machen, dass deine Gebete nicht erhört werden?

Idee 2: Im Rahmen des Themas „Völlerei/Ernährung" wird ein überspitzter Videoclip (Comedy) gezeigt, bei dem sehr direkt über dickere Menschen gesprochen wird.

Wichtig dabei zu beachten wäre, dass zumindest im Nachhinein die Aussagen richtig erläutert werden und keine falsche Bibelinterpretation und falsches Gottesbild vermittelt wird.

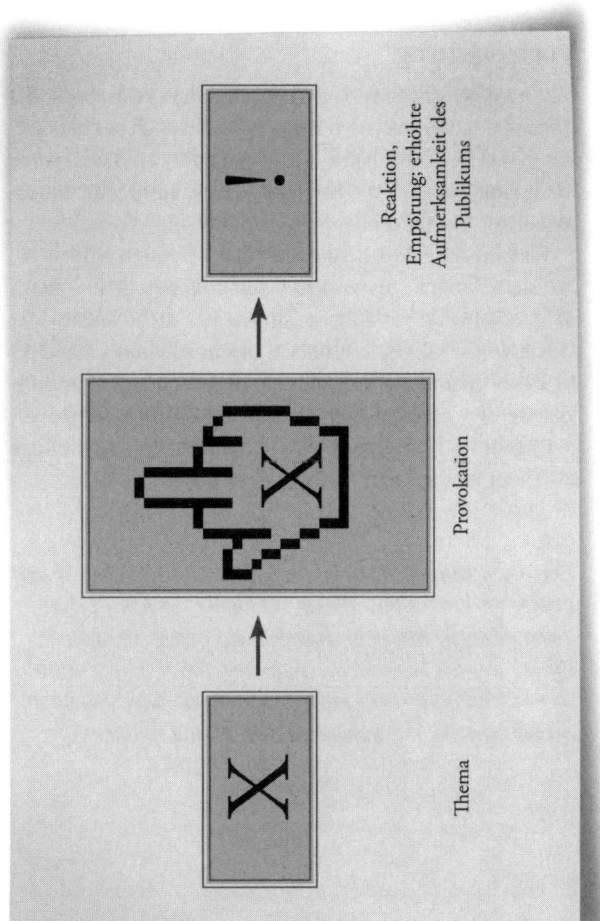

Thema Provokation Reaktion, Empörung; erhöhte Aufmerksamkeit des Publikums

Verfremdung

Wie man bei einem Foto etwas verfremden, verändern oder unklarer erscheinen lassen kann, geht dies auch bei Elementen in einem Gottesdienst. Ein Video oder ein Theaterstück kann eine ganz andere Thematik oder Bildsprache haben, jedoch als Sinnbild oder Vergleich dienen.

Verschiedene Möglichkeiten oder Varianten sind u. a.: Stilisierte Sprache (es wird zum Teil in Versen gesprochen), die Erzählweise verläuft in Kurven (ist nicht linear oder chronologisch), Figuren haben gleichnishaften Charakter (z. B. „Niemand"- oder „Jedermann"-Gestalten), Handlungen werden unterbrochen (z. B. von Kommentaren) etc.

Es geht im Kern darum, dem Publikum vertraute Dinge in einem neuen Licht erscheinen zu lassen.

Beispiel:
Ein Video kann z. B. mehr ein Gefühl als wirklichen Inhalt wieder geben (Freude, Trauer, Wut usw.). So kann bei dem Thema Trauer, Bilder in schwarz/weiß gezeigt werden.
Effekte werden benutzt, die Trennung und Schmerz ausdrücken. Dazu wird eine traurige Musik verwendet. Dadurch entsteht ein Gefühl, welches zu dem Thema hinführt.

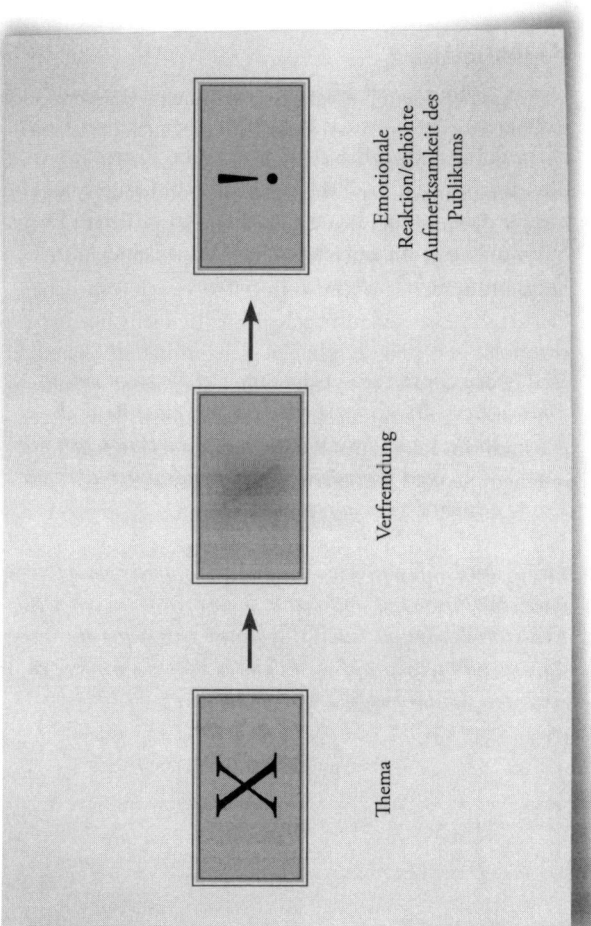

Rätsel

Dieses Stilmittel ist oft schwer und sehr trickreich zu realisieren: Man lässt das Publikum lange Zeit im Unklaren, wohin es eigentlich thematisch geht. Erst später wird dies deutlich im Nachhinein alles Bisherige klar. Die Gefahr dabei ist, die Leute gedanklich zu verlieren. Dieses Stilmittel kann am einfachsten im Rahmen eines einzelnen Programmpunktes angewandt werden.

Beispiele:
Idee 1: Ein Theaterstück kann mit zwei Personen aufgeführt werden. Diese unterhalten sich auf einer Bank. Erst gegen Ende erkennt der Zuschauer, dass die Person sich mit „seinem Gewissen" unterhält. Dieses wurde durch die zweite Person dramaturgisch dargestellt.

Idee 2: Im Laufe der Veranstaltung tritt immer wieder kurz eine Person auf und sagt z. B. nur ein Wort, schmeißt Konfetti oder dergleichen. Diese Person tritt später in einem Theaterstück wieder auf. Erst dann werden die vorherigen Aktionen für das Publikum verständlich.

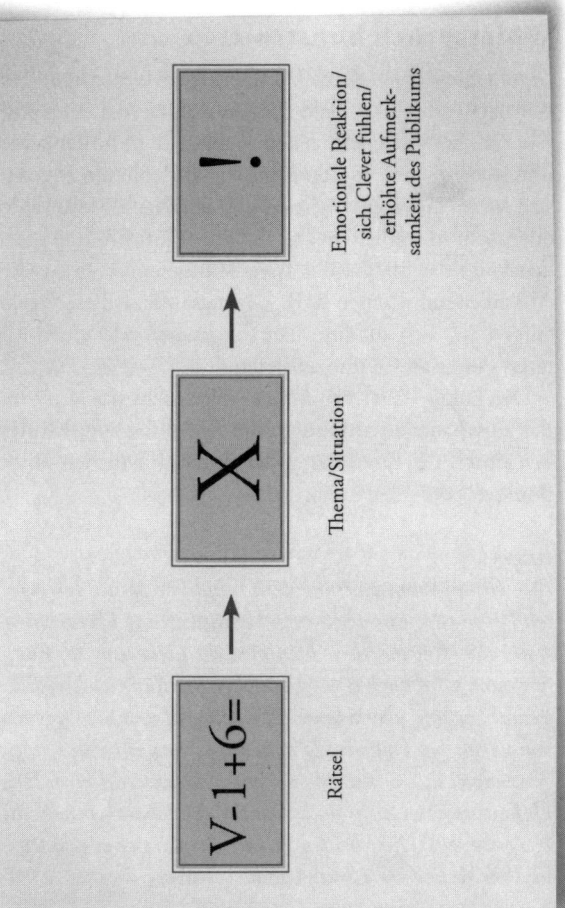

V-1+6= → X → !

Rätsel   Thema/Situation   Emotionale Reaktion/
                                      sich Clever fühlen/
                                      erhöhte Aufmerk-
                                      samkeit des Publikums

Widerspruch konstruieren

Argumente werden durch Darstellung der Gegenargumente erst nachvollziehbar. Beide Seiten werden klar aufgezeigt. Die Zuhörer sind dadurch aktiv dabei. Aufgrund der beiden unterschiedlichen Standpunkte ist das Publikum angeregt, sich selbst eine eigene Sichtweise zu überlegen, auszuwählen oder sogar zu erarbeiten. Durch diese erhöhte Aufmerksamkeit kann das Thema intensiver wahrgenommen werden. Anschließend können z. B. Lösungsansätze diese Punkte aufgreifen, sich auf eine Seite fokussieren oder einen weiteren Punkt als Option anbieten.

Der Fokus dieses Stilmittels sollte nicht das Verwirren der Zuschauer sein, sondern die Anregung zum Mitdenken durch die Darstellung der unterschiedlichen Standpunkte.

Beispiel:
Das Thema Verantwortung wird inhaltlich positiv vermittelt (Videoclip, Interview etc.): Verantwortung übernehmen stärkt die Hingabe, den Charakter, die Liebe usw. Als Kontrast dazu wird auch eine gegenteilige Meinung widergegeben: Verantwortung übernehmen ist einengend und das Gegenteil von wirklicher Freiheit, da man auf Grund der Forderungen gezwungen ist, zu bleiben oder etwas zu unternehmen. Diese Unfreiheit kann nicht förderlich für den Charakter oder die Hingabe sein. Diese beiden Punkte werden stehen gelassen und im Verlauf ein Lösungsansatz geboten.

℘ siehe auch Programmreihenfolge: Dialektik (S.88)

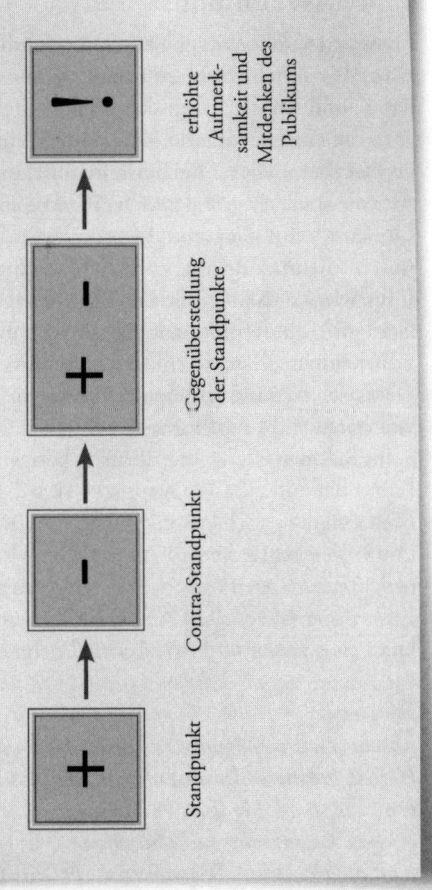

Standpunkt   Contra-Standpunkt   Gegenüberstellung der Standpunkte   erhöhte Aufmerksamkeit und Mitdenken des Publikums

Erste Ablehnung

Dieser erste Widerspruch zu dem eigentlichen Thema ist eine Abwandlung zum Stilmittel „Widerspruch konstruieren" und hat den folgenden Effekt.

Es ist eine natürliche Reaktion, Veränderungen erst einmal abzulehnen. Allmählich freundet man sich mit dem neuen Aspekt an und denkt daran, dass eine Veränderung für einen selbst gut passen könnte. Diese Art Abwehrreaktion findet man auch in fast jeder Geschichte oder jedem Film wieder (König der Löwen: „Ich will nicht König werden!"; Spiderman möchte die Verantwortung nicht wahrnehmen; Gladiator: Der Protagonist weigert sich als Gladiator zu kämpfen; Space Cowboys: Clint Eastwood will zuerst nicht mitfliegen usw.).

Im Rahmen eines Gottesdienstes können die sowieso im Raum befindlichen Widersprüche verbalisiert werden. So fühlt sich der Zuschauer mit seinen Einwänden verstanden und ist bereiter für Veränderungen. Denn jede Veränderung bedeutet auch, sich von etwas Gewohnten zu trennen (z. B. Einstellung, Materielles), was wiederum auch zum gewissen Grad eine Trauer und ein Abschied nehmen verursacht.

Beispiel:
Thema „Gott tut Wunder": Hier wird das Thema aufgegriffen (verbal, kreatives Element) und im Anschluss ein Gegenpunkt gesetzt (z. B. als Moderation, Videoclip, etc.): „Habe ich nie gesehen, Gott tut dies nicht bei mir etc." Erst im Anschluss wird das eigentliche Thema vertieft (kreativ, Predigt).

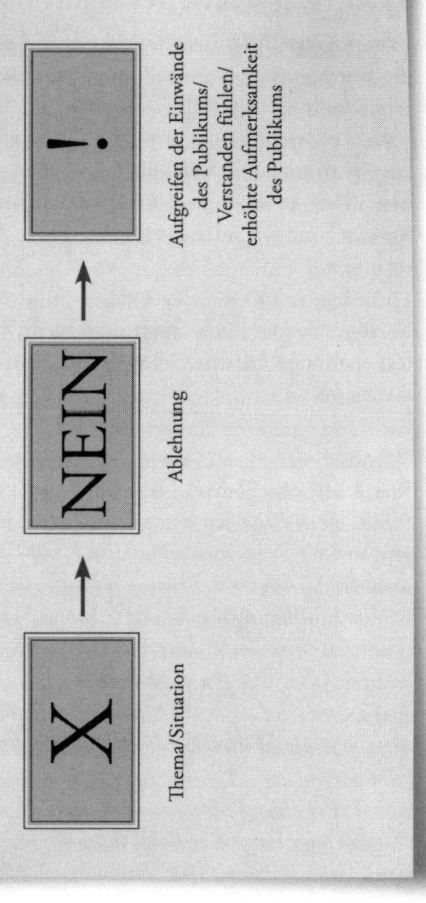

X → NEIN → !

Thema/Situation   Ablehnung   Aufgreifen der Einwände des Publikums/ Verstanden fühlen/ erhöhte Aufmerksamkeit des Publikums

Spannung durch Verzögerung

Jede Art der Spannung erstrebt eine Auflösung. Durch die Verzögerung einer Auflösung kann man die Spannung erhöhen. In den meisten Filmen wird dieses Stilmittel angewandt: bei einer Verfolgungsjagd („Wird er entkommen?"), bei einem romantischen Film („Kommen sie zusammen?") usw. Man kann je nach kreativem Element durch eine Verzögerung der Auflösung eine größere Aufmerksamkeit erlangen.

Zu beachten wäre, dass das Publikum aufgrund der Verzögerung wirklich „gespannt" bleibt (es muss weiterhin spannend berichtet werden) und nicht nur geduldig warten muss.

Beispiele:
Idee 1: Zu dem Thema „Vergebung" wird eine Mutter interviewt, deren Kind bei einem Unfall ums Leben kam. Es geht um die Problematik und dem Kampf, dem Unfallverursacher zu vergeben. Bevor es im Interview jedoch schnell zu einer Auflösung der Situation kommt, wird die jetzige Situation in einem Video vertieft (leeres Kinderzimmer, jetziger Alltag, die Frage, ob man so etwas vergeben kann). Erst später wird dann die Situation aufgelöst und aufgezeigt, wie die Mutter dem Verursacher begegnet ist.

Idee 2: Bei einer Rede kann man nach einer exponierten Aussage oder Frage eine Pause machen (z. B. fünf Sekunden).

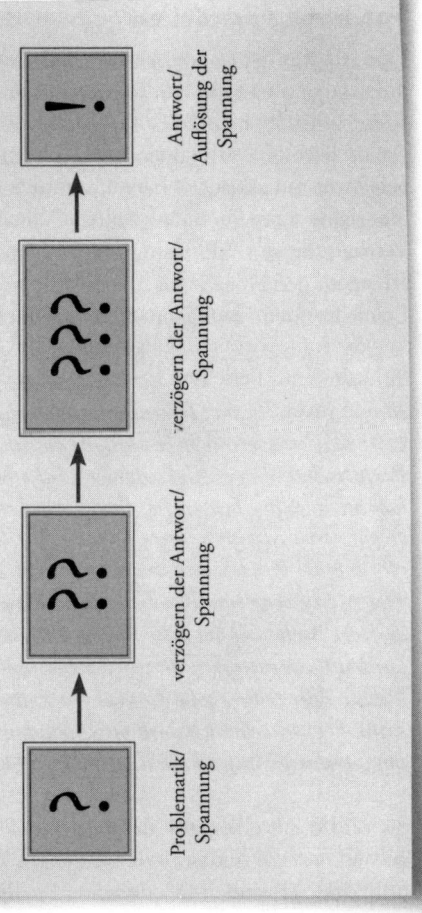

Problematik/
Spannung

verzögern der Antwort/
Spannung

verzögern der Antwort/
Spannung

Antwort/
Auflösung der
Spannung

Fallhöhe verstärken

Dieses Stilmittel eignet sich vor allem, um Problematiken aufzuzeigen. Gerade bei Theaterstücken kann die „Fallhöhe" eines Protagonisten dargestellt werden.

Die jeweilige Ausgangssituation wird bewusst aufgezeigt, um den anschließenden Kontrast besser darzustellen. Alternativ kann auch die „Falltiefe" durch eine vorherige Darstellung verstärkt werden (z. B. „Tausende Menschen leiden an den Folgen von Alkohol. Sie bringen große Probleme in ihren Familien und das traf auch ihn.").

Beispiele:
Idee 1: Beim Thema „Eifersucht" gibt es ein Theaterstück. Dort werden zuerst sehr bewusst die positiven Seiten einer Partnerschaft dargestellt (Fallhöhe wird erhöht). Dann kommt es zu der Eifersucht, die die Partnerschaft zerstört (Fall).

Idee 2: In einem Interview von einem Ehepaar wird zuerst die gute Beziehung und der Beginn dargestellt. Dazu werden Fotos gezeigt, z. B. von der Hochzeit, aus dem Urlaub oder andere tolle gemeinsame Zeiten (Fallhöhe wird erhöht). Direkt danach wird berichtet, dass ein Ehepartner fremdgegangen ist und die Beziehung zerbrach (Fall).

So wird die Problematik deutlicher und der Unterschied verstärkt. Auch bei anderen Elementen kann man dieses Stilmittel verwenden (Moderation, Predigt, Video etc.).

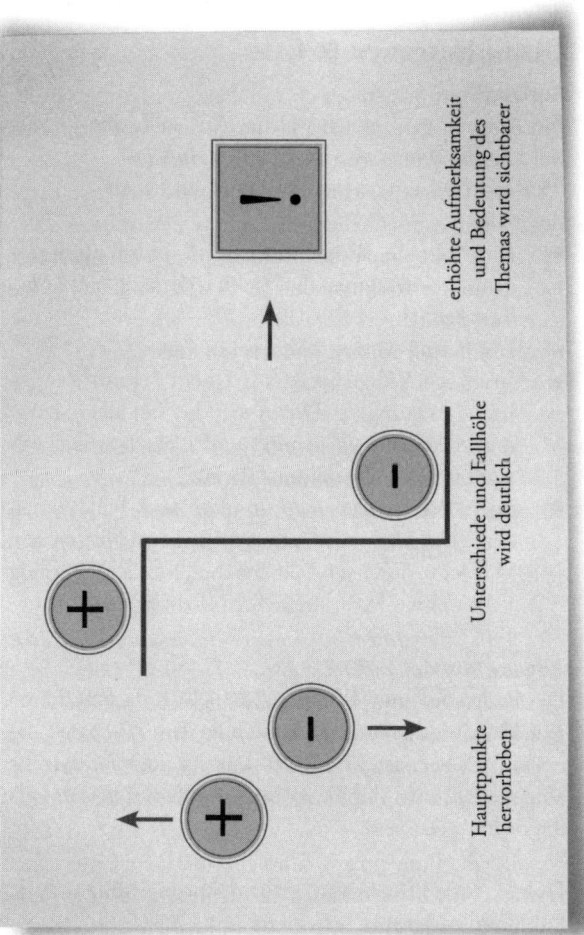

Clean Entrance & Exit

Auftritt

Ein Auftritt, ganz gleich welcher Art, sollte angekündigt werden: *Ankündigung + Einlösung = Auftritt*

Dies kann auf unterschiedlicher Art geschehen.

Beispiele:

- Der Weg zur Bühnenmitte wird als Ankündigung genutzt, indem man die Person rechtzeitig und frontal bzw. seitlich sieht.
- Die Person wird verbal angekündigt.
- In einem Videoclip ist vor einem Schnitt der Ton leicht vorgezogen. (Dieses wird bei fast allen Schnitten in Spielfilmen genutzt und nicht bewusst wahr genommen. Achte einmal darauf.)
- Nicht nur bei Personen, sondern auch bei Themenbereichen kann eine Ankündigung von Nutzen sein. Dies kann durch ein Bild, Symbol, Musik usw. ermöglicht werden (z. B. Jingle für Infoansagen).

Abgang von der Bühne

Das Reden auf einer Bühne sollte nicht einfach aufhören. Jede klare Informationsreduktion zeigt dem Zuschauer, dass etwas bald beendet wird (z. B. kurze Zusammenfassung; längerer Blick ins Publikum beim Applaus und dann erst die Bühne verlassen).

Durch einen klaren Auftritt und Abgang fühlt sich das Publikum sicher und orientiert.

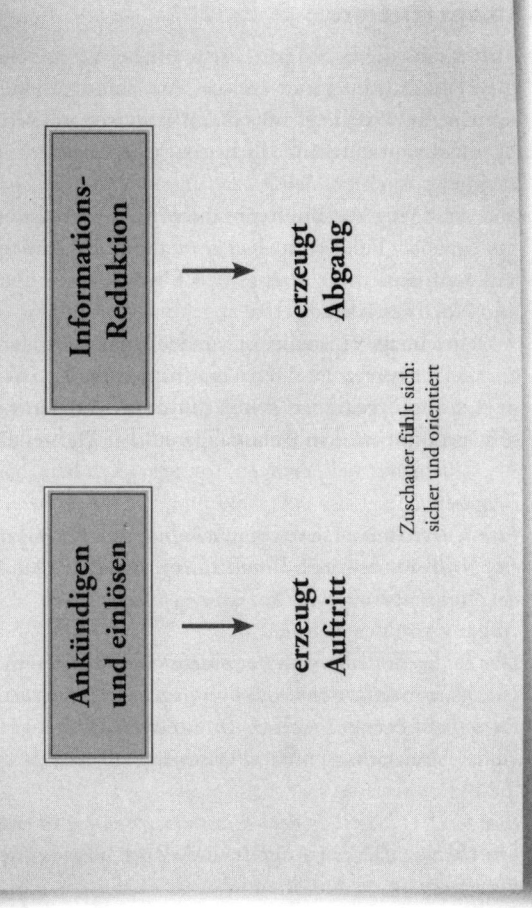

Imagetransfer

Man kennt dieses Stilmittel sehr oft bei Produkten wie z. B. Parfüms. Edel und kostbar verpackte Produkte vermitteln ein besonderes Images: „Was so wertvoll verpackt ist, muss wertvoll sein." Es ist sozusagen eine gefolgerte Meinung. Auch bei den Auslagen von Produkten in sehr hochwertigen Geschäften wird dieses Stilmittel verwendet: Ein einfacher Pullover in einer kostbaren Vitrine mit exzellenter Ausleuchtung erzeugt den Eindruck von Qualität und Hochwertigkeit.

Dieser Imagetransfer kann gerade für die Zuschauer bei eher unbekannten Punkten Verwendung finden. Wichtig ist es, dabei zu beachten, dass es um keine Täuschung geht, sondern um eine dem Anlass angemessene Darstellung.

Beispiele:
Idee 1: Der Pastor (Image: geistlich, integer, intellektuell) empfiehlt eine besondere Veranstaltung, Buch etc. Das Image des Pastors überträgt sich auf das empfohlene Buch.

Idee 2: Ein Einladungsflyer wird sehr hochwertig hergestellt (Image: wertvoll), um für eine Veranstaltung zu werben. Auch hier wird der Eindruck von hoher Qualität des Flyers auf die Veranstaltung selber übertragen.

Idee 3: Die Gestaltung des Veranstaltungsraumes ist exzellent (Image). Dies wird auf den Inhalt der Veranstaltung übertragen.

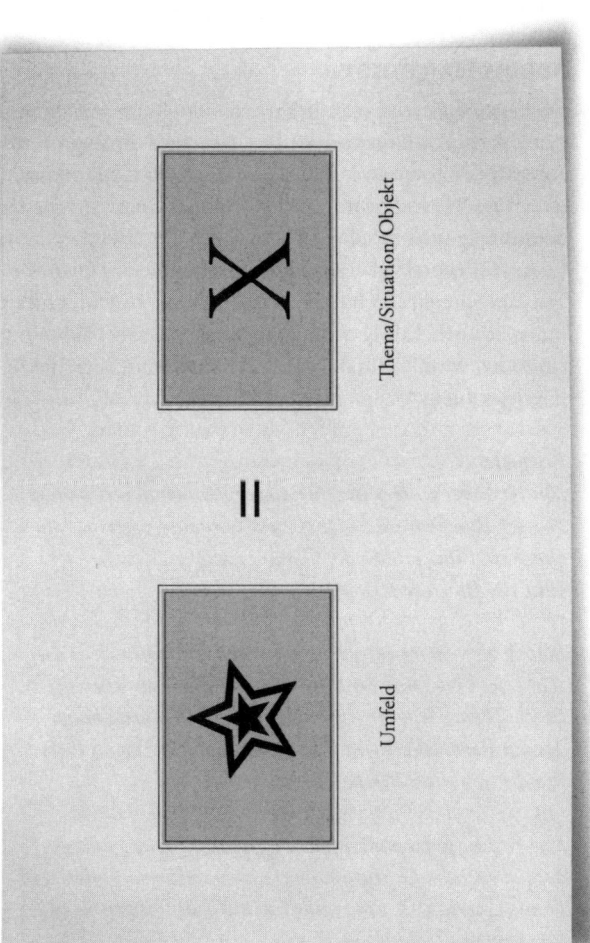

Thema/Situation/Objekt

Umfeld

59

Sehen ist glauben

Im Fernsehen wird oft ein Experte vor einem gezielt aus-gewählten Hintergrund gefilmt. So steht ein Autor vor einem Bücherregal, ein Gärtnermeister vor Grünpflanzen usw. Der Hintergrund im TV löst bei dem Zuschauer Schlussfolgerungen über die Aussagen des Sprechers aus. Dieses Stilmittel kann richtig eingesetzt die Glaubwürdig-keit des Sprechers erhöhen. Dabei wäre zu beachten, dass dieses Stilmittel als Unterstützung und nicht als Täuschung eingesetzt wird. Denn das würde das Publikum längerfristig durchschauen.

Beispiele:
Idee 1: Der Prediger liest für alle ersichtlich den Bibeltext aus der Bibel vor und nicht direkt aus seinem Script (die sichtbare Bibel erhöht die Glaubwürdigkeit der Aussage bzw. des Bibeltextes).

Idee 2: Bei einem Interview für einen Videoclip wird die Wahl des Ortes mit dem Inhalt des Redners abgestimmt (z. B. Thema Kinder - vor einer Schule, Kinderzimmer; Thema Berufsalltag - auf dem Arbeitsplatz; Thema Gebet - in oder vor einer Kirche).

Idee 3: Ein Erfahrungsbericht wird weitergeben und ein dazu passender Gegenstand wird dabei mitgenommen und damit agiert (z. B. ein Autor - sein Buch; Wunder bzgl. Versorgung - Geldscheine).

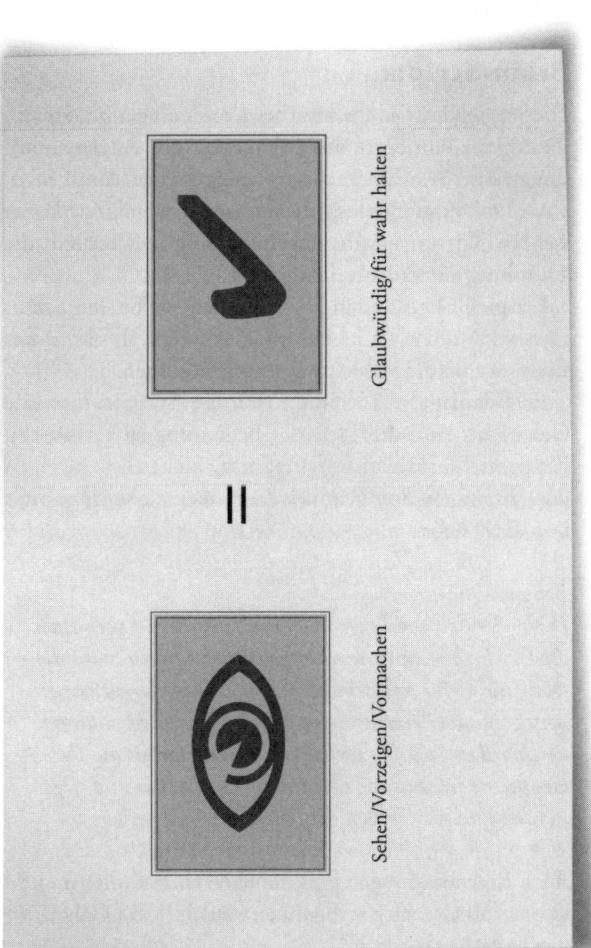

Sehen/Vorzeigen/Vormachen = Glaubwürdig/für wahr halten

Brain-Scripts

Hierbei werden Geschichten bei den Menschen abgerufen, die allgemein bekannt sind (Mythen, Sagen, Allgemeinbildung usw.). So benötigt es nur wenige Signale, damit wichtige dramaturgische Eigenheiten vom Zuschauer erkannt werden. Dieser versteht die Anspielung und begreift die Erzählung dementsprechend.

Beispiel: Der Kapitän bleibt auf dem sinkenden Schiff. Dies wird nicht als lebensmüde, sondern aufgrund des Brain-Scripts als Heldenmut wahrgenommen.

Es benötigt nur wenige richtige Signale, um die Geschichte und die Tiefe der Bedeutung zu vermitteln. Erfolgreich erzählen bedeutet also, nicht alles zu sagen oder zu zeigen. Somit ist der Zuschauer stärker involviert und aktiv dabei.

Beispiel:
Brain-Script David gegen Goliath. Übertragen vermittelt die Geschichte sofort, wie der Inhalt verstanden werden soll. Eine kleine und schwache Person (oder Organisation) steht gegenüber einem übermächtigen und starken Gegner und wird von diesem verhöhnt. Die Erkenntnis aus der Geschichte ist, dass die Kleinen die Guten sind und siegen werden und die Großen die Bösen sind und verlieren.

Auch Redewendungen funktionieren als Brain-Script und können als Geschichte abgerufen werden (z. B. „Geld allein macht nicht glücklich.").

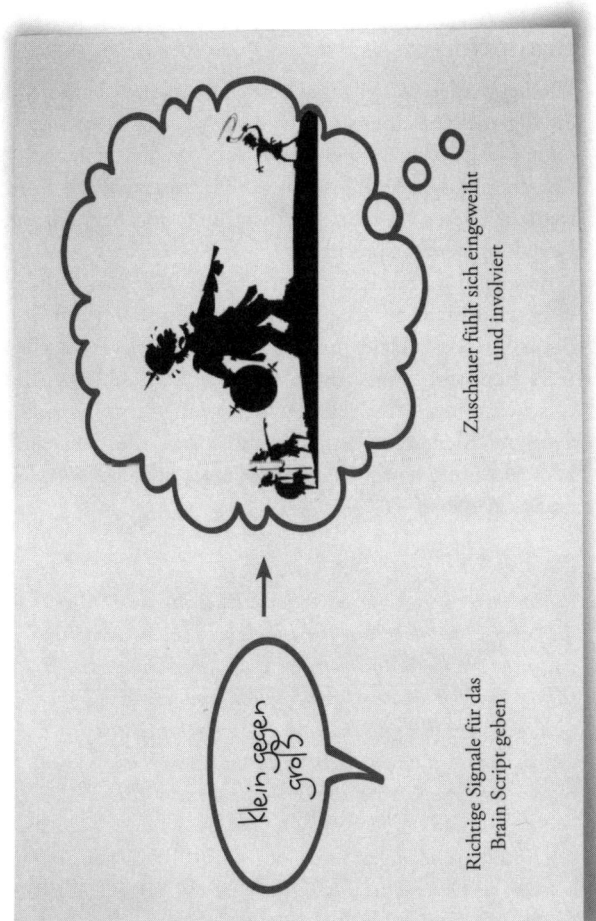

Richtige Signale für das
Brain Script geben

Zuschauer fühlt sich eingeweiht
und involviert

KREATIVE ELEMENTE

Einleitung kreative Elemente in einem Gottesdienst

In einem Gottesdienst können die unterschiedlichsten kreativen Elemente eingebunden werden, um ein Thema zu verdeutlichen oder die Veranstaltung zu unterstützen. Dabei ist der Zweck zu beachten, warum dieses Element einen Platz im Gottesdienst hat. Gründe für ein kreatives Element können sein: Hinführung, Vertiefung, emotionales Aufgreifen, Spaß und Atmosphäre, Refokussierung etc.

Auf den folgenden Seiten werden für die meist angewandten kreativen Elemente verschiedene Aspekte für die Einbindung in einem Gottesdienst betrachtet. Diese sollten als Anregung und Empfehlung dienen und nicht als starre Struktur. Abweichungen von den angegebenen Erfahrungen können manchmal richtig und notwendig sein, sollten dann aber bewusst gewählt werden.

Aufgrund der emotionalen Aufladung des Themas durch die kreativen Elemente können die Zuschauer den Inhalt besser aufnehmen und verstehen.

Gott hat jeden von uns so unterschiedlich gestaltet und begabt. Diese Fähigkeiten können wir gerade auch im Gottesdienst einbringen und somit ihm und den Menschen damit dienen. Denn Kunst, Kreativität und Qualität blüht gerade im Bezug zu dem Schöpfer erst richtig auf. Es ist ein Geschenk, die eigenen Ideen und Begabung dafür einzusetzen, um seine Kirche mitzugestalten und zu prägen.

Neben den meist angewandten kreativen Elementen findest du hier ein paar weitere Ideen:

Poetry Slam: Ein Gedicht oder Text wird von einer Person vorgetragen. Dieser Text greift das Thema auf. Die Bezugnahme auf das Thema kann allgemein, einleitend, vertiefend, hinterfragend gestaltet sein.

Give-aways: Ein Thema wird mit einer Veranschaulichung dar gestellt. Dazu passend wird dem Zuschauer ein kleines Geschenk überreicht.

Aktionen: Es können unterschiedliche Aktionen mit dem Publikum durch geführt werden, die einen Bezug zum Thema aufbauen oder bewusst Atmosphäre kreieren. Beispiele: Wettbewerbe mit einzelnen auf der Bühne; unter einzelnen Stühlen ist etwas versteckt und der Finder bekommt etwas überreicht oder ähnliches; Improvisationstheater, bei dem die Zuschauer Stichworte hineinrufen und darauf reagiert wird; Online-Aktionen, bei denen die Zuschauer direkt mit ihren Smartphones interagieren können (Fragen stellen, Votings, Kommentare, Twitter-Walls, Gewinnspiele); theatralische Lesung von der Bühne usw.

Gestaltung: Der Veranstaltungsraum wird passend zum Thema umgestaltet. Beispiele: Die Sitzplätze werden umgestellt. Die Bühnendekoration wird im Zuschauerraum weitergeführt. Im Eingangsbereich bzw. Foyer wird das Thema schon aufgegriffen usw.

Malerei: Ein Künstler malt während des Gottesdienstes oder eines Liedes ein Bild.

Verschiedene kreative Elemente werden zu einem zusammengefügt. Beispiel: Ein Theater wird in einem Video weitergeführt und geht über in einen Tanz.

Videoclips im Gottesdienst

Möglichkeiten

Videoclips im Rahmen eines Gottesdienstes sind ein wichtiges Element, da sie Inhalte und Emotionen zeitgemäß transportieren können. Mögliche Ressourcen sind:

- YouTube- und Vimeo-Clips aus dem Internet
- Spielfilmausschnitte (Buchtipp: Videos that teach)
- Christliche Ressourcen-Plattformen (Linkliste: www. detlev-reich.de)
- Das eigene Team dreht und schneidet einen Clip.

Dauer

Die Dauer eines Clips im Gottesdienst sollte maximal zweieinhalb Minuten dauern.

Einbindung

Es gibt Videos, die für sich alleine stehen und thematisch eine große Relevanz haben. Man muss stark abwägen, ob das Publikum zum einem für das Video emotional bzw. inhaltlich vorbereitet werden muss und in wie weit die Predigt den Clip aufgreifen sollte. Je mehr eine Geschichte in einem Clip erzählt wird, desto eher sollte im weiteren Verlauf darauf eingegangen werden.

Besonderheiten

Werden Spielfilmausschnitte gezeigt, benötigt man dafür eine Genehmigung, die aber ohne weiteres mit einem Rahmenvertrag erhältlich ist (Infos siehe: www.detlev-reich.de/gh). Auch beim Kauf christlicher DVDs ist es oft möglich eine Genehmigung zur Aufführung zu erwerben.

Bei eigenen Clips sollte auf die evtl. verwendete Musik im Hintergrund geachtet werden. Diese sollte offiziell dafür frei gegeben (Freie Musik) oder selbst komponiert sein.

Ein guter Clip muss interessant und spannend aufgebaut sein (siehe dazu auch die Stilmittel). Ansonsten zieht sich ein Clip auch bei nur zwei Minuten in die Länge. Auch darf bei eigenen Videos die Qualität beim Zuschauen nicht ablenken.

Zu der Präsentation gehört nicht nur ein gutes Bild, sondern auch guter Ton. Denn ein ergreifender Videoclip wird von der Bild- und Tonebene im gleichen Verhältnis positiv beeinflusst.

Beispiele

- Umfrage zu einem Thema auf der Straße
- Interview mit Zwischenschnitten zu dem Thema
- Ausschnitte aus aktuellen Spielfilmen, die das Thema aufgreifen
- Fun-Videos aus dem Internet, die die Atmosphäre auflockern
- Musikvideo als Refokus (Lied nach der Predigt)
- Ein Theaterstück beginnt in einem Videoclip und wird auf der Bühne fortgesetzt
- Passende und nicht ablenkende Videoanimationen im Hintergrund während eines Liedes auf der Bühne

Theaterstücke im Gottesdienst

Möglichkeiten

Theateranspiele können auf sehr kreative Weise ein Thema aufgreifen, vertiefen oder anstoßen. Mögliche Ressourcen sind:

- Willowcreek-Online-Shop (download/Bücher)
- Christliche Theaterplattformen (z. B. www.drama-ministry.de)
- Theaterstücke selber schreiben

Werden Anspiele selbst konzipiert, sollten ratgebende Bücher gebraucht werden. Sonst kann es passieren, dass es innerhalb des Stückes keine Dramaturgie oder keinen Spannungsbogen gibt. Beachte dabei die einzelnen Charaktere (deren Anfang/Ende), die Wendepunkte, den Höhepunkt mit einem schnellen Abschluss (siehe auch: Storydesign, Heldenreise). Eine Szene sollte anders enden, als sie begonnen hat (z. B. positiv - Konflikt; Konflikt - positiv). Nicht immer kann alles detailliert beachtet werden, jedoch sollte man immer Wendepunkte einbauen.

Dauer

Ein Stück im Rahmen des Gottesdienstes sollte eher kurz als lang sein, maximal fünf bis sieben Minuten.

Einbindung

Da ein Theaterstück meistens eine Geschichte erzählt, sollte sie im weiteren Verlauf aufgegriffen werden. Das „Bild", welches im Stück „gemalt" worden ist, kann somit als Erinnerung und Visualisierung des Themas in der Predigt dienen. Ist das Theaterstück jedoch nur ein allgemeiner und lustiger Einstieg in das Thema, muss das „Bild" nicht zwingend aufgegriffen werden.

Besonderheiten

Beim Theaterspielen sollte man ausreichend proben und sich im geschützten Rahmen offen kritisieren und verbessern. Schnell kann es sonst passieren, dass das Schauspiel als aufgesetzt oder gekünstelt wahrgenommen wird. Auch Schauspielübungen, Aufnahmen der Probe, die gemeinsam angeguckt werden können und anhand derer man sich verbessern kann, die Ernennung eines Regisseurs können das Ergebnis positiv beeinflussen.

Wie bei fast allen kreativen Elementen im Rahmen eines Gottesdienstes sollte kein klarer Lösungsansatz angeboten werden (jedoch wären verschiedene Ansätze denkbar). So führt das Stück mit einer Frage, Problematik oder auch als Einstieg optimal zu der Predigt.

Beispiele

- Eine Thematik wird im Theaterstück beispielhaft problematisiert.
- Alltägliche Situationen werden dargestellt und mit dem aktuellen Thema verknüpft.
- In einem Monolog werden die Gedanken des Protagonisten ausgesprochen.

Musik im Gottesdienst

Möglichkeiten
In den meisten Gottesdiensten gibt es musikalische Beiträge und es wird zusammen gesungen. Das hat nicht nur Tradition, sondern ist auch ein biblischer Auftrag. Die folgenden Punkte sollen die Musik im Gottesdienst bereichern und helfen, neue Ideen einzubringen. Mögliche Ressourcen:

- eigene Band, Musiker oder Sänger
- externe Band einladen
- externe Sänger für Solosong einladen
- Playback (Gesang live, Musik vom Band)
- Musikvideos
- Musik von CD/MP3

Dauer
Die Dauer und die Anzahl der Lieder sind je nach Kirche sehr unterschiedlich. Zu beachten wäre in diesem Zusammenhang die Wirkung auf Gäste. Wie empfinden sie die Lieder, die Dauer, Wiederholungen usw.?

Einbindung
In vielen Kirchen gibt es einen Lobpreisteil im Gottesdienst. Wenn dieser vor der Predigt stattfindet, ist eine thematische Auswahl der Lieder nicht unbedingt notwendig. Lieder, die im Anschluss an die Predigt gesungen werden, sollten wenn möglich das Thema aufgreifen (Refokus).

Besonderheiten

Die Lieder sollten von den Musikern unbedingt rechtzeitig zusammen geprobt (Qualität) und vor allem von
den Sängern interpretiert werden. Es geht immer um die
Kommunikation zum Publikum. Darum ist es u. a. wichtig,
dass man von den Sängern die Augen sehen kann, damit
Blickkontakt entstehen kann. Beantworte zu der Liedinterpretation folgende Fragen:

1. Textarbeit

- Was sagt der Text (Grundaussagen)?
- Zu wem/für wen wird das Lied gesungen (als Ganzes/
  Strophe/usw.)
- Welche Passagen sind mir besonders wichtig?
  Warum?
- Welche Emotionen löst der Text bei mir aus?

2. Musikalische Arbeit

- Welche Emotionen bringt die Musik mit?
- Gibt es Auffälligkeiten in der musikalischen Gestaltung und was lösen sie aus?

3. Körperarbeit

- Wie kann ich die vorhanden Emotionen zum Publikum transportieren?
- Was möchte ich aussagen und wie kann ich das durch
  meine Körperhaltung verstärken?

✎ mehr zu diesem Thema im Buch: Der Lobpreis-Trainer

Tanz im Gottesdienst

Möglichkeiten

Tänze in einem Gottesdienst haben nicht nur einen künstlerischen Aspekt, sondern können eine Thematik auf einer für die meisten Zuschauer ungewohnten Weise verdeutlichen und ihnen nahe bringen. Mögliche Ressourcen:

- Unterstützung von Ballet-/Tanzschulen und Akademien
- Ideen und Choreographien von anderen Tänzen aus Shows, TV, Musikvideos etc.
- eigene Choreographien

Dauer

Wie bei den meisten kreativen Elementen sollte ein aufgeführter Tanz maximal zweieinhalb Minuten dauern.

Einbindung

Je nach Tanz muss im weiteren Verlauf des Gottesdienstes nicht darauf eingegangen werden. Wird im Tanz jedoch eine Geschichte dargestellt, sollte diese Erwähnung finden. Je nach Kirche und Veranstaltung kann es notwendig sein, das Publikum im Vorwege gezielt darauf hinzuweisen.

Besonderheiten

Grob gesagt könnte man Tänze in zwei Kategorien einteilen: „Just-for-fun" und professionell. Wenn man einen Tanz aufführt, sollte man sich bewusst sein, was man von diesen beiden Arten aufführen möchte. Ist es nur ein witziges und komisches Element, kann dies enorm die Atmosphäre aufheitern. Handelt es sich dabei nicht um einen Tanz aus der Kategorie „Just-for-fun" (wie z. B. Ententanz, Macarena), ist sehr gute Qualität und Professionalität gefragt. Haben die Tänzer z. B. zu wenig Spannung und Ausdruck beim Tanzen, kann dies schnell für das Publikum als unangenehm und peinlich empfunden werden und somit der Tanz im Ganzen als deplatziert. Darum sollte man unbedingt auf ausreichende Probezeit und auf ein gewisses Talent für das Tanzen achten. Es kann je nach wöchentlicher Probezeit zwei Monate dauern, um mit einer Gruppe einen Tanz vorzubereiten.

Auch die Bühne und deren Größe begrenzt die Art des Tanzes. Dies gilt es zu beachten.

Wenn ein Tanz im Rahmen eines Gottesdienstes für das Publikum ungewohnt ist, sollte man auf eine gute Hinführung und gerade von Beginn an auf hohe Qualität und einen guten Zugang für das Gros des Publikums sorgen.

Beispiele
- Tanz bei einem Lied im Lobpreisteil
- Showtanz am Beginn des Gottesdienstes, um die Atmosphäre positiv zu beeinflussen
- Tanz mit einem Solosong nach der Predigt (Refokus)
- Im Tanz wird eine Geschichte erzählt
- Ein Theaterstück wird mit einem Tanz verknüpft (z. B. Traumsequenzen werden tänzerisch dargestellt)

Interview in einem Gottesdienst

Möglichkeiten

Interviews in einem Gottesdienst sind gute Möglichkeiten, das Thema durch die persönlichen Berichte der Befragten zum einem zu vertiefen und auch die Relevanz zum alltäglichen Leben aufzuzeigen. Durch diese Geschichten können die Zuschauer das Thema des Gottesdienstes stärker verinnerlichen. Auch Interviews über ein bestimmtes Fachwissen sind möglich.

Dauer

Je nach Interviewpartner und dem Thema kann die Länge des Interviews sehr unterschiedlich ausfallen. So ist es auch möglich, statt einer Predigt ein Interview zu führen. Wenn ein Interview zusätzlich zu einer Predigt gehalten wird (ohne deren zeitliche Kürzung), sollte es sechs Minuten nicht übersteigen.

Einbindung

Da in einem Interview meist ein Erlebnisbericht und somit eine Geschichte weitergegeben wird, sollte diese im weiteren Verlauf aufgegriffen werden. Ein Interview kann auch gut in einer Predigt platziert werden, um den Inhalt weiter zu vertiefen.

Besonderheiten

Ein Interview muss vorbereitet werden. Der Moderator

sollte im Vorwege präzise Fragen formulieren. Dabei sollte er beachten, was der Zuschauer vom Gast wissen möchte. Welche Fragen müssen gestellt werden, damit ich diese Informationen erhalte? Was ist das Ziel des Interviews?

Ein kurzes Vorgespräch macht Sinn, jedoch sollte nicht das komplette Interview durchgesprochen werden (z. B. nur Anfangsfrage, Ziel des Interviews). Sonst besteht die Gefahr, dass das Gespräch zu unnatürlich wirkt. Bei unsicheren Gästen kann man in einem Warm-up die Fragen und Themenbereichen erläutern, ohne die genauen Antworten abzufragen.

Achte beim Gespräch auf folgende Punkte:

- Keine doppelten Fragen stellen (zwei Fragen hintereinander).
- Offene Fragen stellen (Wer, Wo, Was, Wann, Wie, Warum, Woher). Keine „Ja/Nein-Fragen".
- Die Fragen sollten nicht nur abgehakt werden. Das Ziel ist es, ein Gespräch zu führen, indem man aufgrund einer Antwort eine weiterführende Frage stellt.
- Das „Mehrwissen" durch das Vorgespräch sollte nicht erwähnt werden („Wie du mir schon erzählt hast...").
- Gib nie dein Mikrofon aus der Hand, sondern sorge entweder für ein weiteres Mikrofon oder halte dem Gast dein eigenes hin.
- Fasse am Ende die zentralen Aussagen zusammen.

Beispiele

- In einem Video wird der Interviewpartner vorgestellt und somit den Zuschauern die Person näher gebracht. Darauf folgt das Interview auf der Bühne.
- Ein Interview wird unterbrochen und z. B. in der Predigt weitergeführt.
- Ein Interview wird als Videoclip gezeigt (vorher aufgezeichnet; aus TV, Internet, Plattformen etc.)

PROGRAMM-
REIHENFOLGE

Einleitung Programmreihenfolge

Um die verschiedenen kreativen Elemente eines Gottesdienstes in eine Reihenfolge zu bringen, können diese mit den folgenden Strukturen eingeordnet werden.

Manche mögen sich mit Dramaturgie und Gottesdienst etwas schwer tun. Jedoch verbirgt sich hinter jeder Art und jedem Ablauf eines Gottesdienstes eine Dramaturgie. Ob man sie nun benennen kann oder nicht. Sich diese jedoch bewusst zu machen, ist für den Gottesdienst von Vorteil.

Dazu ein Beispiel: Wenn man Gäste zum Essen einlädt, schafft das Essen Atmosphäre und zeigt dem Gast Wertschätzung. Aber es geht um die gemeinsame Zeit, die man miteinander verbringt.

So auch im Gottesdienst: Es geht in einem Gottesdienst nicht um Dramaturgie, Abläufe und Strukturen. Es geht darum, Jesus Christus nachzufolgen und einen gemeinsamen Gottesdienst zu feiern. Jedoch drückt sich die Hingabe und Leidenschaft zu Gott auch immer nach außen hin aus. So sollten die Überlegungen, Strukturen, Pläne und kreative Elemente ein Ausdruck der Nachfolge und eine Möglichkeit sein, die Zeit zusammen zu genießen.

Manche der aufgezeigten Strukturen können sehr einfach für einen Gottesdienst angewandt oder auch zusammen verknüpft werden. Bei anderen ist dies nur bei einigen Themen möglich. Alternativ sind diese Abläufe aber auch für Theaterstücke, Videoclips, Interviews, Predigten und ähnliches anwendbar.

Durch eine gut gewählte Dramaturgie erhöht sich die Aufmerksamkeit der Zuschauer und gewährleistet eine optimale Kommunikation. Denn das Ziel sollte es sein, die Zuschauer für den Inhalt des Gottesdienstes zu begeistern.

Allgemeine Tipps zur Programmreihenfolge

Stelle dir zu jedem Element der Veranstaltung folgende Fragen. Das kann dir helfen, die richtige Reihenfolge zu finden:

- Was ist der Zweck dieses Programmpunktes?
- Wie fügt sich dieser Programmpunkt in die Veranstaltung ein?
- Warum ist dieser Programmpunkt für diese Veranstaltung wichtig?
- Welche Atmosphäre bzw. Emotion wird wahrscheinlich nach diesem Programmpunkt herrschen und wie fügt sich diese ein?

Für die Festlegung der Reihenfolge ist es hilfreich, die verschiedenen Elemente des Gottesdienstes auf jeweils einen Zettel zu schreiben. Vergiss dabei nicht die Moderation, Kollekte und ähnliches. Wenn du diese Zettel auf dem Tisch oder Fußboden verteilst, kannst du sie so lange verschieben, bist du eine optimalen Ablauf erstellt hast. Probiere verschiedene Möglichkeiten aus. Gehe den Ablauf auch räumlich anhand der Zettel ab. So können der geplante Gottesdienst und die verschiedenen Übergänge bewusster vorbereitet und wahrgenommen werden.

Fokussierte Erzählweise

Für einen Gottesdienstablauf ist es eine gute Möglichkeit, von erst weitgefassten thematischen zu immer spezifischeren Elementen zu gehen. So wird ein Thema zu Beginn erst allgemein behandelt und im Verlauf des Gottesdienstes immer fokussierter betrachtet. Dabei ist es wichtig, der Predigt nicht inhaltlich vorzugreifen. Es ist besser, die Elemente zur Predigt hinführend zu gestalten und die Problematiken aufzuzeigen, die dann in der Predigt aufgegriffen werden (müssen). Diese Art der Reihenfolge ist gerade am Anfang der Arbeit für einen Gottesdienst sehr zu empfehlen, da sie sich einfach umsetzen lässt.

Beispiel:
Thema: Mit Gott in Verbindung
Einstieg: Moderator begrüßt die Besucher und hat ein Handy in der Hand. Er erzählt kurz und unterhaltsam eine persönliche Geschichte mit seinem mobilen Telefon. „… um das Handy und Verbindungen geht es auch heute in unserem Gottesdienst."
Spezifisches kreatives Element: Ein kurzes Theaterstück, bei dem eine Person öfters mit Gott am Handy telefoniert und SMS an ihn verschickt und von ihm bekommt (wie bei einem guten Freund).
Predigt: Greift genau dies auf. Ist es möglich so mit Gott zu kommunizieren? Wie kann man mit ihm in Verbindung treten? Gibt es „Funklöcher", in denen wir ihn nicht mehr hören können?

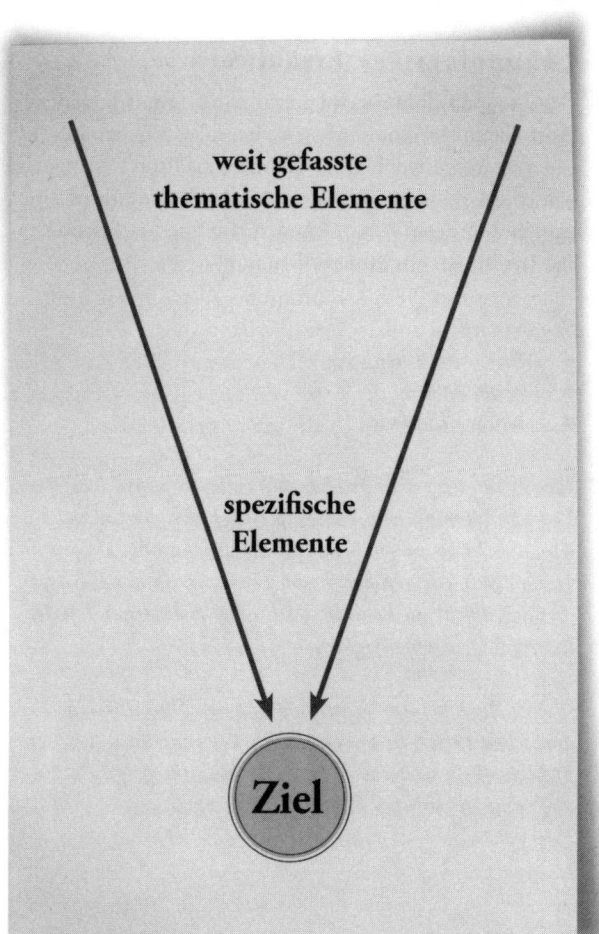

weit gefasste
thematische Elemente

spezifische
Elemente

Ziel

Chronologische Erzählweise

Bei dieser Erzählweise werden die Programmelemente in einer klaren chronologischen Reihenfolge miteinander verbunden: Vergangenheit, Gegenwart, Zukunft. Es entsteht somit ein zeitlicher Ablauf, den die Zuschauer in einer gewohnten Form folgen können. Gerade bei Erlebnisberichten ist dies ein idealer Ablauf.

Beispiele:
- *früher habe ich*
- *heute tue ich*
- *morgen werde ich*

Idee 1: Interessant ist diese Erzählweise bei einem Interview. Das könnte mit einem Videoclip eingeführt werden, bei dem die Person vorgestellt wird. Bei dem Interview wird die Geschichte weitergeführt. In der Predigt greift der Prediger dies auf. Eventuell kann in der Predigt ein zweiter Teil des Interviews eingefügt werden.

Idee 2: Auch bei der Vorstellung und der Thematik einer biblischen Person kann der gesamte Gottesdienst mit dieser Erzählweise gestaltet werden (z. B. Saulus verfolgt/ Paulus und seine Bekehrung/ Paulus missioniert).

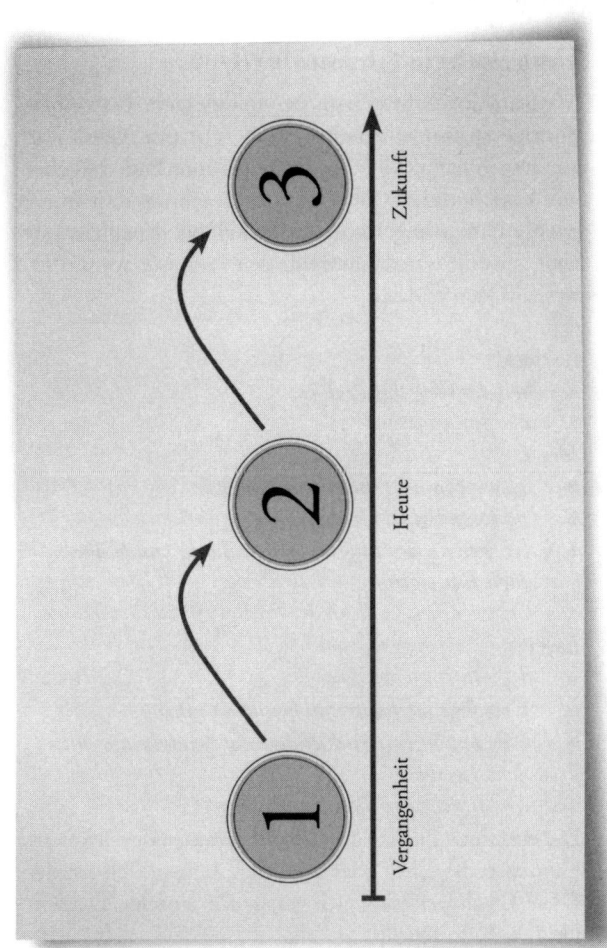

Umgekehrte Chronologie

In genau umgekehrter zeitlicher Abfolge kann dieser Ablauf positive Spannung erzeugen (z. B. Zukunft, Gegenwart, Vergangenheit). Die Frage bleibt bis zum Ende bestehen: wie kam es dazu? Dabei wäre zu beachten, dass immer wieder Punkte angesprochen werden, bei denen das Interesse geweckt wird. Schlüsselfragen sind, wie, warum und weshalb kam es dazu.

Beispiele:
das Ziel, der Weg, das Problem

Idee 1:
- *Heute bin ich gesund und glücklich.*
- *So bin ich dort hingekommen.*
- *Ich hatte einen tragischen Unfall und wurde übernatürlich bewahrt.*

Idee 2:
- *Ich bin ein glücklicher Single.*
- *Gott füllt mich aus und beschenkt mich.*
- *War mir meiner Bedürfnisse sehr bewusst und hatte Schwierigkeiten.*

Die einzelnen Punkte der Beispiele können durch kreative Elemente, Berichte oder ähnliches aufgegriffen werden. Diese Erzählweise ist auch gerade für einzelne Elemente ideal (z. B. Videoclip).

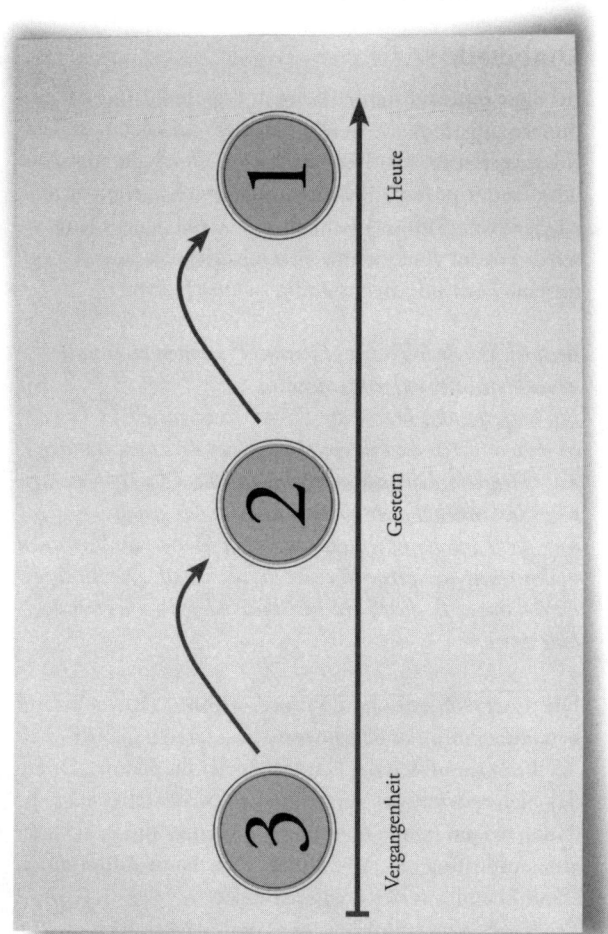

Dialektik

Bei diesem Ablauf werden bewusst Pro- und Contra-Standpunkte aufgezeigt. Das Ziel ist es, diese aufzulösen, stehenzulassen oder Alternativen anzubieten. Durch die Abwechslung beider unterschiedlichen Standpunkte erreicht man eine höhere Aufmerksamkeit der Zuschauer. Denn sie werden dadurch motiviert, aktiv mitzudenken und sich ggf. für eine Richtung eigenständig zu entscheiden.

Beispiel: Bei dem Thema „Eifersucht" können zwei unterschiedliche Seite aufgezeigt werden.
<u>Ein Standpunkt:</u> Durch die Eifersucht zeigt sich die Liebe zu dem anderen und ist ein Gradmesser der Intensität der Zugehörigkeit. Dies kann kreativ durch ein Poetry (literarischer Textvortrag) oder einem Videoclip dar gestellt werden.
<u>Zweiter Standpunkt:</u> Eifersucht ist ein Mangel an Vertrauen und zerrt an der Liebe in einer Partnerschaft. Die Aussage wird dann z. B. durch ein Interview oder ein Theaterstück aufgezeigt.

Die unterschiedlichen Punkte können abwechselnd betrachtet und dargestellt werden. Gerade auch in dem Wechsel erhöht sich das Mitdenken des Publikums. Durch das Stehenlassen der verschiedenen Sichtweisen und die daraus resultierende Spannung, erwarten die Zuschauer eine Auflösung der Spannung. Dies kann durch einen Lösungsansatz in der Predigt erfolgen.

✎ siehe auch Stilmittel: Widerspruch konstruieren (S.48)/Erste Ablehnung (S.50)

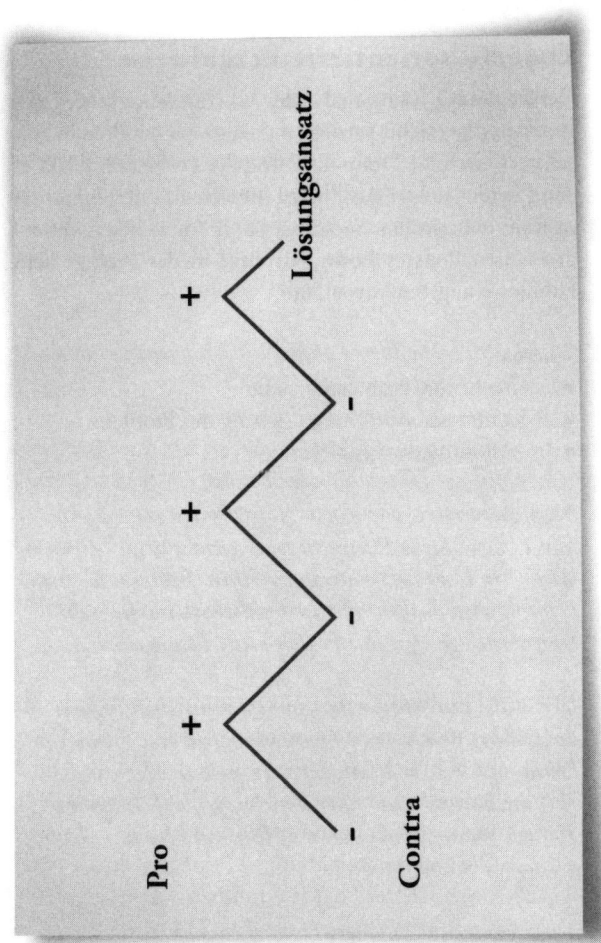

89

Bedürfnisorientierte Erzählweise

Aufgrund der Zielvorgabe des Gottesdienstes wird das Problem dargestellt, vertieft und dann bei der Predigt aufgelöst. Durch die Dramatisierung der Problematik fällt es den Leuten leichter das Thema für sich als interessant und relevant einzustufen. So können z. B. im weiteren Verlauf des Gottesdienstes Lösungsansätze in der Predigt dem Publikum angeboten werden.

Schema:
- Exposition/Problemdarstellung
- Konfrontation/Dramatisierung des Problems
- Auflösung des Problems.

Beispiele:
Idee 1: Das Thema Eifersucht wird leicht und als "ein wenig Würze" in einer Beziehung aufgegriffen. In einem weiteren Element wird dieselbe Thematik jedoch als immer mehr zerstörerisch gezeigt. Die Predigt bietet Lösungsansätze.

Idee 2: Bei dem Thema Beziehung/Freundschaft beginnt der Einstieg damit, wie schön und normal gute Freunde im Leben sind. Als Vertiefung zeigt ein weiteres Element die absolute Notwenigkeit guter Beziehungen auf (Interview, Theater, Video etc.): „Ohne die Hilfe von Freunden, hätte ich das nicht überstanden..."

✎ siehe auch Stilmittel: Überspitzung (S.40)

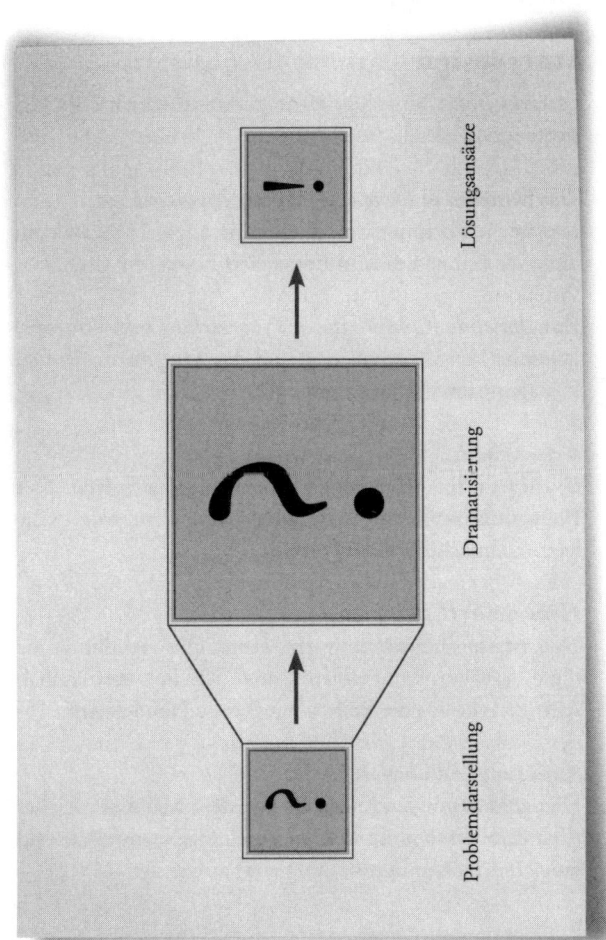

Problemdarstellung

Dramatisierung

Lösungsansätze

91

Storydesign

In einem Spielfilm oder einer guten Geschichte gibt es meist fünf Teile.

Das auslösende Ereignis (Inciting Incident)

Das ist die Hauptursache für alles, was folgt. Die anderen Teile werden von diesem Ereignis in Bewegung gesetzt.

Zunehmende Komplikation (Progressive Complications)

Fortschreitend wird es aufgrund des Ereignisses für den Protagonisten immer schwieriger.

Krise (Crisis)

In diesem Teil wird eine Entscheidung getroffen. Der Protagonist wählt eine Handlungsmöglichkeit, woraus die letzte dramatische Krise entsteht.

Höhepunkt (Climax)

Dies ist eine Umwälzung der Werte. Die Handlung, die diese Veränderung hervorruft, muss klar und verständlich sein. Es geht um die Bedeutung für die Handelnden.

Auflösung (Resolution)

Hier geht es um den Abschluss und dem Material, welches nach dem Höhepunkt „übrig bleibt". Die Spannbreite und Folge der Höhepunktwirkung wird aufgezeigt.

✎ Beispiel für einen Gottesdienst siehe Anhang (S.156)

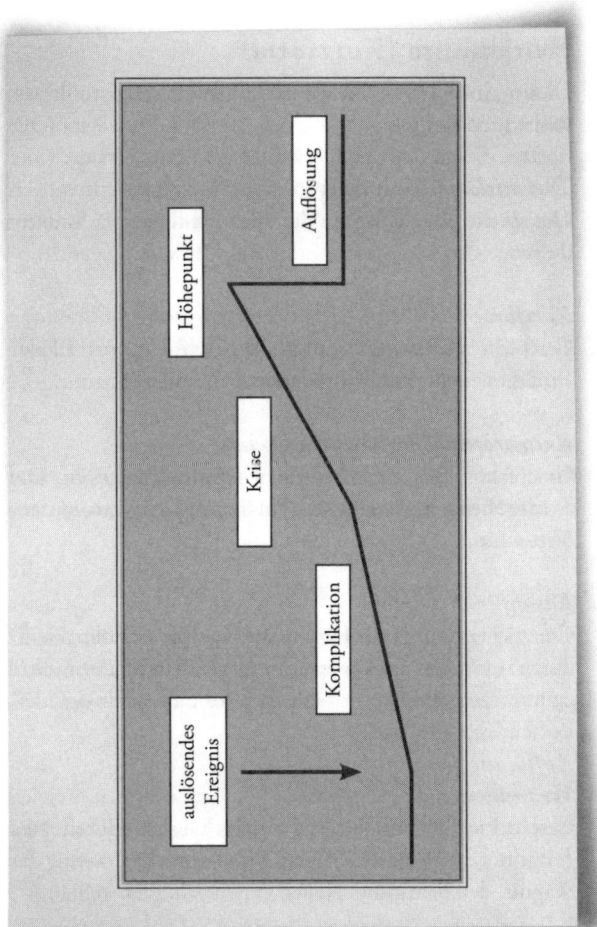

auslösendes Ereignis

Komplikation

Krise

Höhepunkt

Auflösung

Heldenreise (Kurzform)

Dieses Grundmuster findet sich weltweit in Mythologien und wurde von Joseph Campbell erforscht. Viele Kinofilme nutzen diesen Ablauf. Diese hier gekürzte Version einer „Heldenreise" kann einem Gottesdienstablauf, kreativen Elementen, Erzählungen oder auch Predigten als Struktur dienen.

Komfort
Geschichte: Am Beginn ist alles ruhig. Der Alltag des „Helden" wird dargestellt. Publikum: Freundlich und entspannt.

Katastrophe/Konflikt/Wendepunkt
Geschichte: Der „Held" wird auf seinem Weg gestört und es entstehen Schwierigkeiten. Publikum: Einlassen auf neue Sichtweise.

Kampf
Geschichte: Durch die Hindernisse kämpft sich der „Held" durch, nicht um ein Versagen zu vermeiden, sondern voran zu kommen. Publikum: Gedanken für und gegen die Idee. Entscheidung für das Neue.

Veränderung
Geschichte: Der „Erfolg" ist da und es hat sich gelohnt. Neu gestärkt geht es in den Alltag. Publikum: Es erkennt das Wagnis, den Schritt des Neuen in den Alltag zu gehen.

✣ Beispiel für einen Gottesdienst siehe Anhang (S.157)

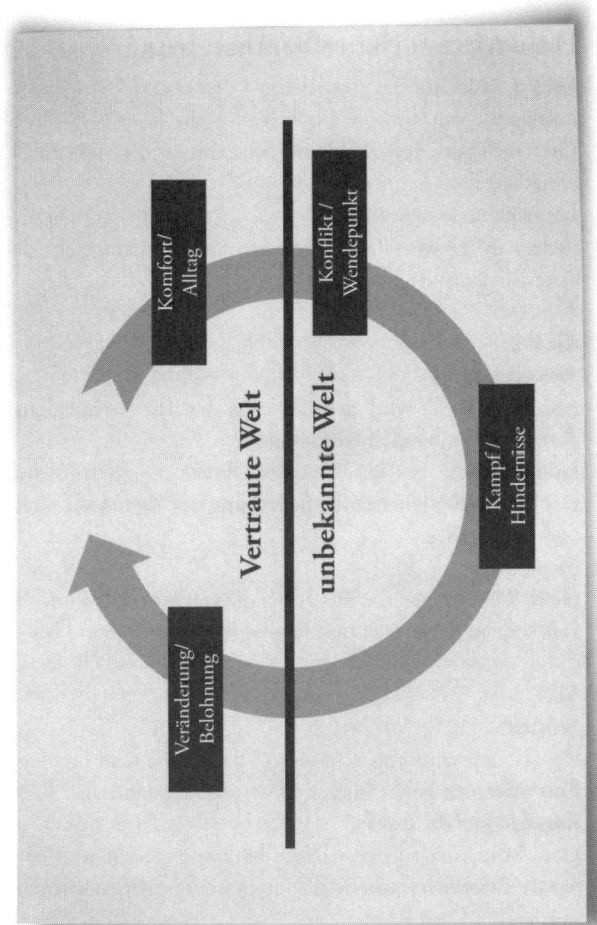

Komfort/
Alltag

Konflikt /
Wendepunkt

Vertraute Welt

unbekannte Welt

Kampf /
Hindernisse

Veränderung/
Belohnung

95

Drei-Akte für eine Veranstaltung

AKT 1

Intro

Das Intro lässt den Zuschauer ankommen und gibt Orientierung.

Identifikation

In diesem Teil wird das Thema vorgestellt und unterschiedliche Blickwinkel aufgezeigt.

AKT 2

Vernetzung

An dieser Stelle wird deutlich, was das Thema mit dem Zuschauer persönlich zu tun hat.

Höhepunkt

Der Zuschauer erkennt die Bedeutung des Themas für sich und ist begeistert.

Projektion

Hierbei übertragen die Zuschauer die von ihnen als sinnvoll angesehene Erkenntnis auf ihre eigene Situation.

AKT 3

Schluss

Das Thema wird abgeschlossen. Die Inhalte sind bei den Zuschauern angekommen und wurden verstanden.

Ausklang & Ausblick

Der Zuschauer soll zum Nachdenken angeregt werden, damit Erlebnisse aus dem Gottesdienst mitgenommen werden.

Beispiel:

AKT 1
Intro
Begrüßung und Überblick (+ evtl. Lied).
Identifikation
Poetry zum Thema wird vorgetragen (+ evtl. Lied).

AKT 2
Vernetzung
Interview zum Thema (Teil 1).
Höhepunkt
Predigt und Interview Teil 2.
Projektion
Aktion bei der Predigt zum Handeln und zur Umsetzung des Themas (z. B. symbolisch etwas ablegen; Abendmahl etc.) (evtl. ein zusätzliches Lied).

AKT 3
Schluss
Zusammenfassung und Ermutigung zum Austausch untereinander nach dem Gottesdienst.
Ausklang & Ausblick
Persönliches Statements vom Moderator zum Thema und seine zukünftigen Ziele (+ evtl. Abschluss-Lied). Am Ausgang wird ein passendes „Give-away" (kleines thematisch passendes Geschenk) den Besuchern überreicht .

MODERATION

Einleitung Moderation

Wenn man eine Veranstaltung moderiert, sollte dies authentisch, ansprechend und abwechslungsreich gestaltet werden. Um das Publikum unterschiedlich anzuleiten, können dafür die verschiedenen Moderationsarten Verwendung finden.

Im Allgemeinen sollten die Zuschauer, ohne dass wichtige Punkte vorweg genommen werden, auf das Thema und den folgenden Inhalt vorbereitet werden.

Thema Relevanz verschaffen

Jedes Thema einer Veranstaltung sollte natürlich von vornherein für die Menschen relevant sein. Doch ist dies den Gottesdienst- oder Veranstaltungsbesuchern nicht immer bewusst. Mit folgenden Punkten kann durch die Moderation dem Thema eine größere Relevanz verschafft werden, die in die verschiedenen Moderationsarten einfließen können.

Aktuelle Beispiele zum Thema

Bringe aktuelle Beispiele, die zum Thema des Gottesdienstes passen: Informationen aus Zeitschriften, aktuelle Nachrichten, Berichte aus dem Umfeld.

Persönliche Beispiele

Durch deine eigene Geschichte kannst du eine Verbindung zum Zuschauer und zum Thema aufbauen. Nutze darum möglichst aktuelle Beispiele aus deinem Leben.

Offene Fragen

Unbeantworteten Fragen sollen zum Thema hinführen und können auch konträr zum Inhalt formuliert sein. Die thematisch gebundenen Fragen sollten aber unbedingt in der folgenden Predigt aufgegriffen oder gestreift werden. Sprich diese bitte mit dem Prediger vorher ab.

Unterstützende Fragen

- Was würde ich denken, wenn ich das Thema zum ersten Mal höre?
- Verstehe ich das Thema ohne christlichen Hintergrund?
- Was könnte für eine Stimmung nach den einzelnen Elementen entstehen?

Gerade Moderation

Diese Art der Anmoderation ist linear aufgebaut (zeitlich und logisch). Sie ist schnörkellos und kommt schnell zur Sache. Jede Information führt zur nächsten, sodass der Fokus des Themas deutlich wird. Dabei dürfen die Anzahl der Einzelinformationen nicht mehr als fünf betragen, da sonst die Aufmerksamkeit der Zuhörer sinkt. Auch sollten Informationen nicht vertauscht werden, sondern aufeinander aufbauen.

Durch diese Art der Moderation bietet man dem Publikum durch Vorabinformationen eine Hinführung auf das jeweilige Thema.

Beispiel:
Bei dem aktuellen Unfall XY fühlt man mit den Angehörigen mit. Sie haben solch einen Verlust erlitten und jeder kann es verstehen, dass sie dem Verursacher nicht begegnen wollen. Diesem in die Augen zu schauen benötigt mehr als Kraft. Kann Vergebung ein erster Schritt zu dieser Kraft sein…?

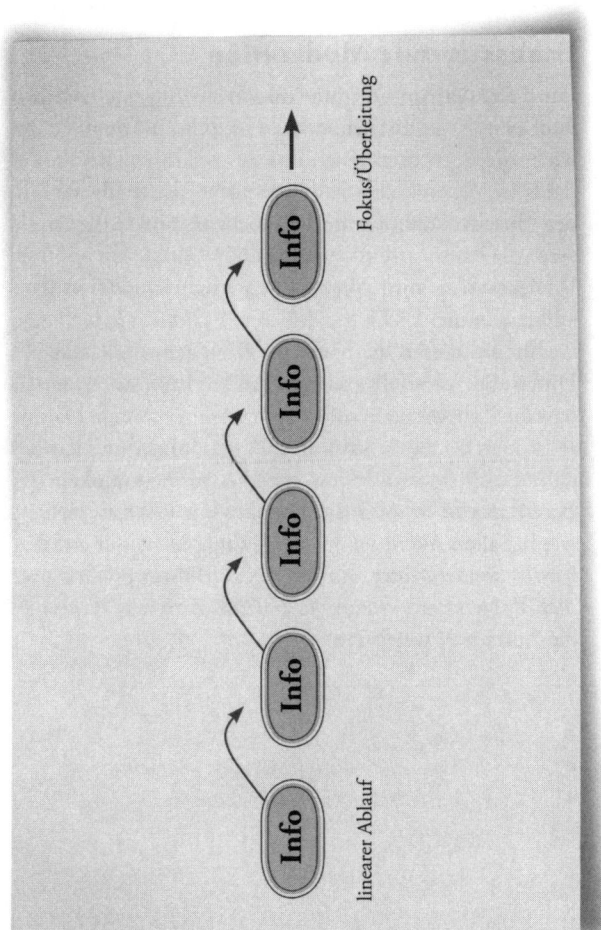

linearer Ablauf

Fokus/Überleitung

Fokussierende Moderation

Bei dieser Variante beginnt man beim Allgemeinen und wird immer spezifischer, sodass man zum Ziel hinführt. Es wird sozusagen thematisch immer konkreter. Der Vorteil dabei ist, dass man die Zuhörer gut mit einer allgemeineren Thematik abholen und ebenso eine Spannung damit erzeugen kann.

Dieser Weg vom Allgemeinen zum Besonderen lässt sich fast immer leicht konstruieren. Es besteht jedoch eine Gefahr bei dieser Methode: Ihr fehlt der „Ear-Catcher". Durch die zuerst allgemeinen Punkte kann es passieren, dass die Zuhörer nicht sofort aufmerksam zuhören. Darum sollte man bei dieser Struktur z. B. persönliche und lebensnahe Beispiele verwenden, um die Aufmerksamkeit des Publikums zu bekommen. Darüber hinaus ist es wichtig, wie bei allen Akteuren auf der Bühne, nicht nur auf den Inhalt, sondern auch auf die eigene Bühnenpräsenz und dem Zeigen der eigenen Persönlichkeit zu achten und so die Zuschauer begeistern.

Beispiel:
- *Alle reden.*
- *Neulich hat mich auch jemand angesprochen.*
- *Und Gott redet auch. Dazu jetzt mehr.*

↳ siehe auch Programmreihenfolge: Fokussierende Erzählweise (S.82)

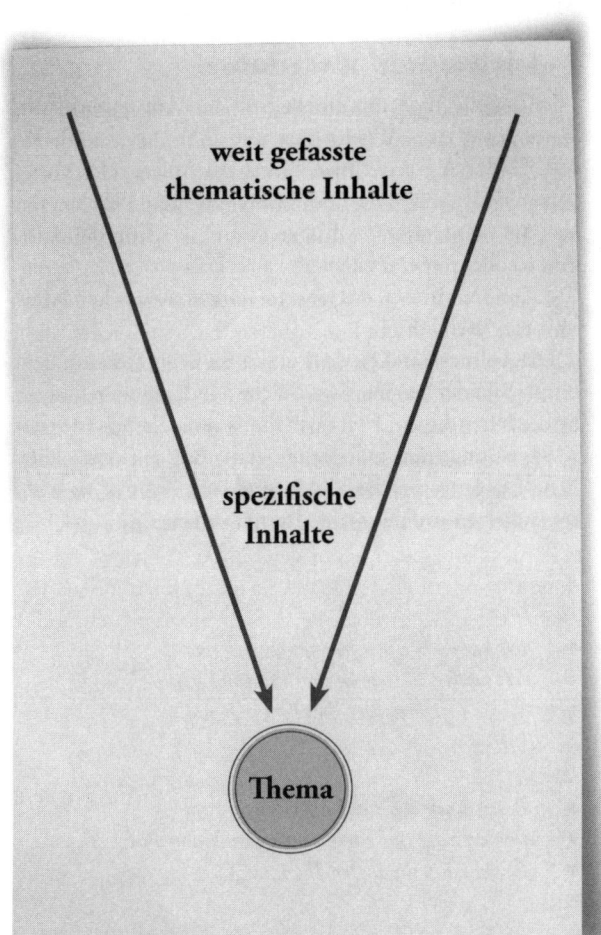

weit gefasste
thematische Inhalte

spezifische
Inhalte

Thema

Aufziehende Moderation

Hier beginnt man mit einem Knaller. Man kommt vom Besonderen zum Allgemeinen und führt so zum Thema hin. Dadurch erzeugt man direkt am Anfang eine starke Aufmerksamkeit. Die Leute sind sehr gespannt darauf, was der Moderator noch sagen wird. Wichtig dabei ist, den Knaller mit einer kleinen Pause kurz wirken zu lassen. Die Zuhörer müssen das Gesagte hören, kurz sacken lassen und reagieren können.

Die Aufmerksamkeit des Publikums beginnt so mit dem ersten Satz der Moderation. Solche Moderationen klingen bunt, lebendig und lebensnah. Wie auch bei anderen Moderationsarten, sollte man gerade hier auf eine natürliche Umgangssprache achten und sich nicht in zu wohl formulierten Anfangssätzen hinreißen lassen.

Beispiele:
Idee 1:
- *Ich habe als Kind meinen Teddy getauft.*
- *Ich wollte, dass er in den Himmel kommt.*
- *Was Taufe bedeutet, hören wir heute.*

Idee 2:
- *Beten finde ich total überflüssig!*
- *Diesen Satz habe ich neulich in einem Buch gelesen.*
- *Gebet ist heute unser Thema.*

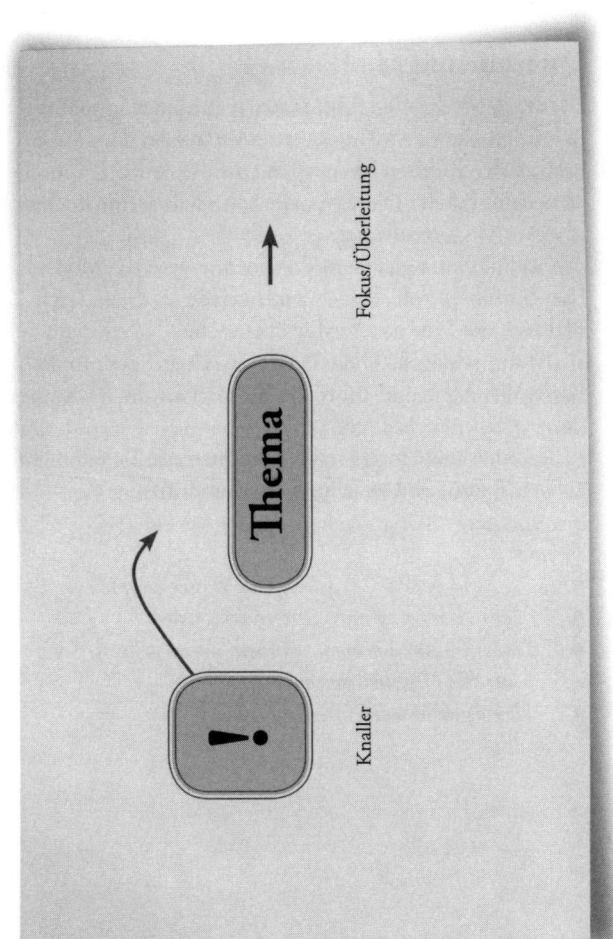

Knaller   Thema   Fokus/Überleitung

Quereinsteiger

Bei dieser Moderation führt man das Publikum erst einmal auf die falsche Fährte. Im weiteren Verlauf der Moderation erfährt der Zuhörer, worum es wirklich geht. Dadurch wird beim Publikum die Neugierde nach dem eigentlichen Thema des Gottesdienstes geweckt.

Das Publikum glaubt zu erkennen, wohin die Moderation hinführen soll. Jedoch kann gerade in einem letzten Halbsatz der Moderator völlig überraschend in eine andere Richtung schlagen. Diese Wende erscheint aber logisch nachvollziehbar und führt die Zuhörer in die Richtung des eigentlichen Themas.

Beachten sollte man hierbei, dass man den Bogen nicht zu weit spannt und zu lange zu weit abdriftet.

Beispiel:
- *Als Kind habe ich es geliebt mit Wasser zu spielen.*
- *Mein Teddy ging auch immer mit baden.*
- *Habe ihn dann einmal während dessen getauft. Sollte ja in den Himmel kommen.*
- *Heute geht es auch um die Taufe.*

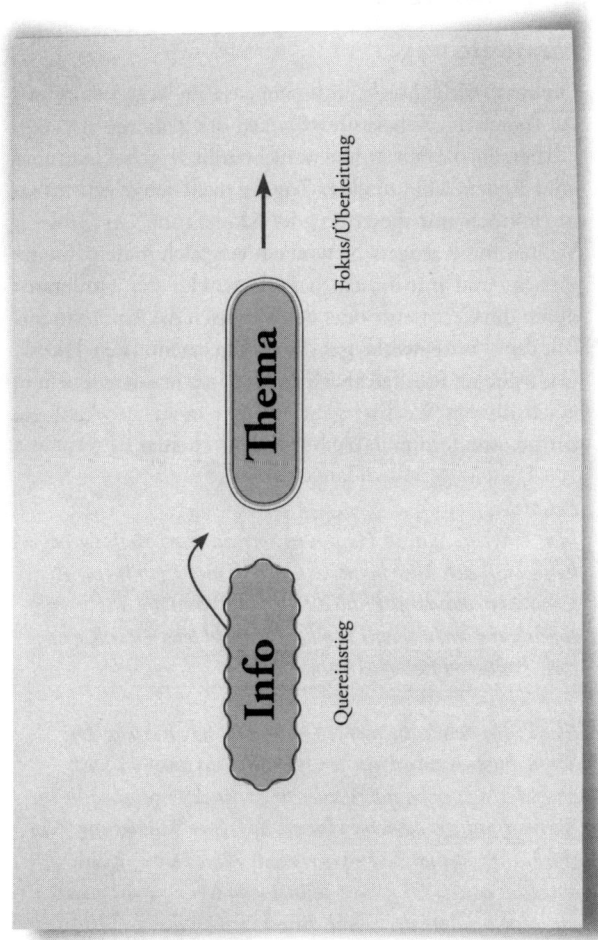

Analogie

Die analogische Moderation projiziert ein weniger bekanntes Thema in das bekannte Umfeld der Zuhörer.

Themen, die den Zuhörern nicht unbedingt bekannt sind oder zu denen ein direkter Zugang nicht sofort erkennbar ist, können mit dieser Art der Moderation ein größeres Verständnis erzeugen. So wird ein Vergleich zu dem Thema gesucht und mit diesem begonnen. Hat der Moderator durch die Geschichte oder den Vergleich die Aufmerksamkeit der Leute geweckt, geht es zu dem eigentlichen Thema. Das sollte im Idealfall ab Mitte der Moderation geschehen. Nach diesem Wechsel geht es nicht mehr zur Analogie zurück, sondern man bleibt bei dem Thema.

Beispiele:
Idee 1: Wenn man in Hamburg über die Reeperbahn geht, kann man sich über manches Geschäft und Etablissement schon sehr wundern. Es bleibt nicht aus, dass die Blicke angezogen werden. In genau so einem Umfeld lebten die Korinther. Paulus schrieb ihnen ein Brief…

Idee 2: Ich denke die meisten haben das schon erlebt: Die Sonne brennt, kein Lüftchen regt sich und dann ist auch noch das Wasser knapp. Vielleicht ist dir das irgendwann im Sommer passiert oder im Urlaub, auf einer Wanderung. Umso glücklicher ist man, wenn es endlich kühler wird. Kühler wurde es in den 40 Jahren Wüstenwanderung wohl kaum. 40 Jahre brannte die Sonne, kein Lüftchen war in Sicht…

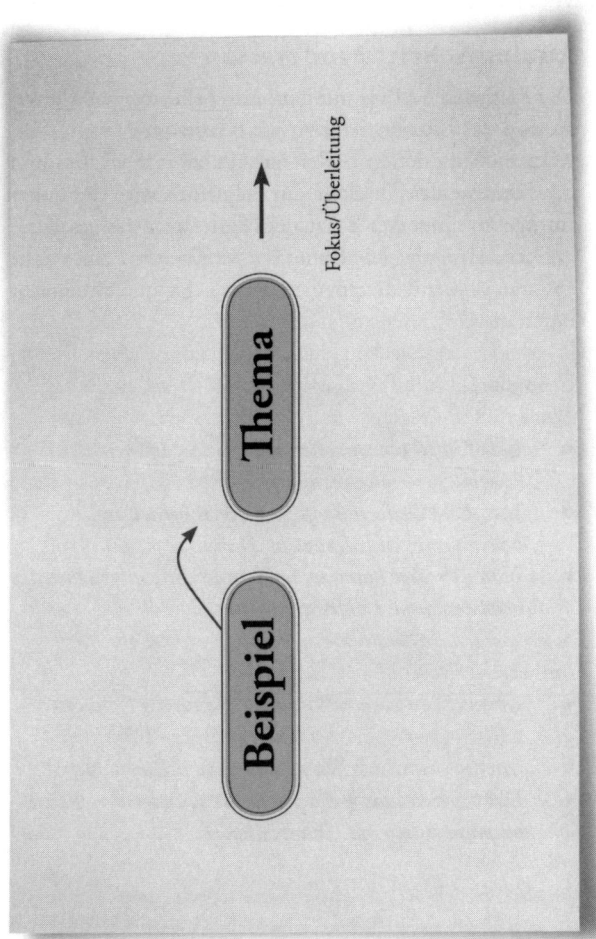

Beispiel → Thema → Fokus/Überleitung

111

Dreier-Schritt Moderation

Die Methode beginnt mit der Lead-Zeile, mit der Hauptaussage des Themas. Der zweite Schritt greift weiterführende Informationen zu der Aussage auf und weckt somit das Interesse des Zuhörers. Im Folgenden wird der Fokus für den kommenden Beitrag des Gottesdienstes gesetzt.

Diese einfache Methode der Moderation kann sehr spontan verwendet werden, da sie wenig Vorbereitungszeit benötigt.

Beispiele:
Idee 1:

- *Gebet ist in einem vollen Alltag nicht immer leicht. (Thema des Gottesdienstes)*
- *Dass Beten jedoch Kraft und Segen bringt, hat bestimmt schon jeder erlebt. (Info)*
- *In der Predigt hören wir nun, wie wir unser Gebet neu beleben können. (Überleitung)*

Idee 2:

- *Gott tut heute noch Wunder. (Thema des Gottesdienstes)*
- *Jeder wünscht sich Wunder in seinem Leben. (Info)*
- *Das nächste Lied greift genau die Wunder von Gott in unserem Alltag auf. (Überleitung)*

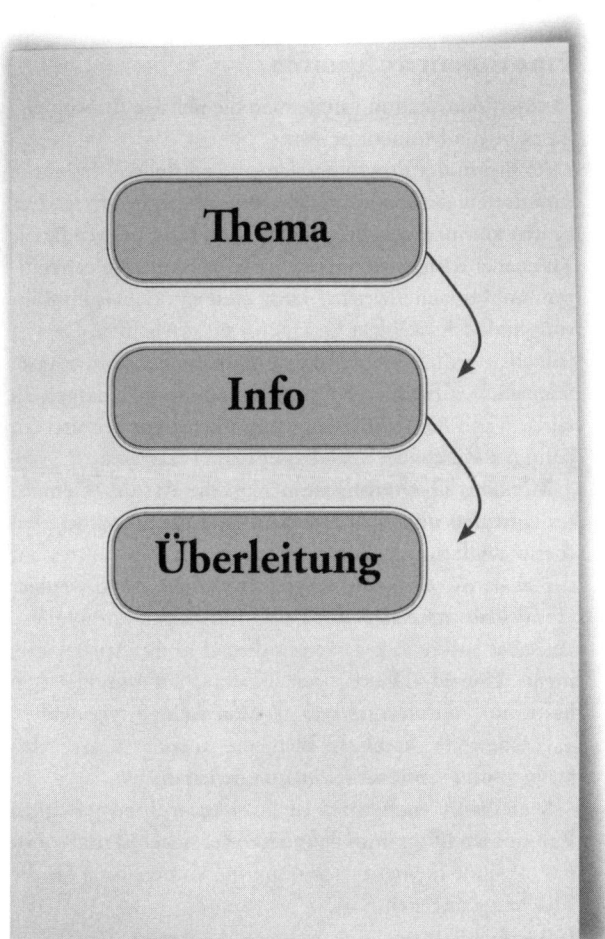

Emotionen aufgreifen

In einer Veranstaltung sollte man die richtige Atmosphäre im richtigen Moment prägen.

Aufgrund der Programmelemente entstehen bestimmte Emotionen, denen man als Moderator begegnen muss. Das gleiche gilt vor einem Programmpunkt. Es ist notwendig die Zuschauer auch emotional darauf vorzubereiten. Bei freudigen und lustigen Elementen mag diese emotionale Hinführung vielleicht weniger beachtenswert erscheinen. Dies ist jedoch unbedingt notwendig, je dramatischer, kontroverser oder auch aufwühlender ein Programmpunkt dargestellt wird. Wenn die Hinführung zum Thema gut gestaltet ist, kann der Zuschauer auch besser darauf reagieren.

Mit dem Diagramm kann man die Art des Elementes einstufen und sich dadurch besser darauf vorbereiten (beispielhaft auf der Skala zu sehen). Je weiter rechts auf der Skala die Elemente eingestuft werden, desto weniger emotional muss man das Publikum darauf vorbereiten. Pauschal gesprochen bedeutet dies, dass die Art des Elements (Comedy/Drama), die Gestaltung der Anmoderation bestimmt (verschmitzt/seriös). Man sollte es vermeiden, z. B. überspitze komische Elemente zu erklären, zu rechtfertigen und somit seriös anzumoderieren.

Man kann auch für sein Publikum einen gewissen Rahmen im Diagramm definieren, der sicher ist und somit das folgende Element auch ohne viel Vorbereitung für die Zuschauer angenehm ist.

✎ Download des Diagramms unter www.detlev-reich.de/gh

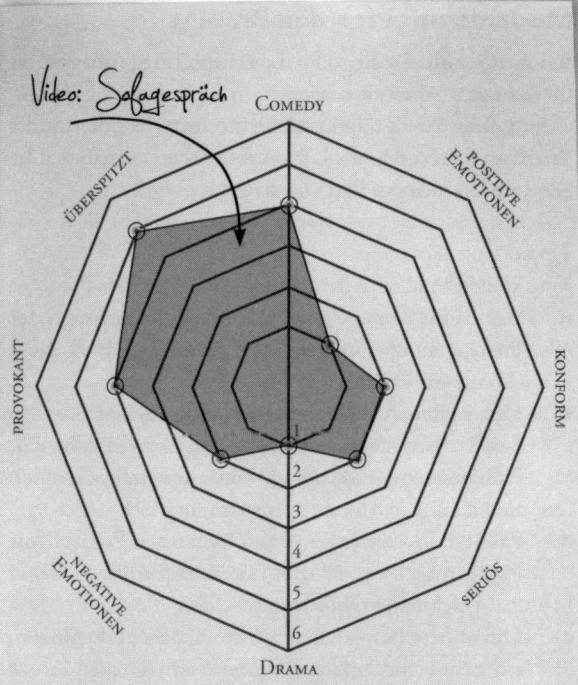

1. Vergebe Punkte: Ordne die Programmpunkte in der Skala ein und vergebe jedem Bereich Punkte von 1 (wenig) bis 6 (sehr stark).

2. Einordnung: Je weiter das Element auf der linken Seite steht, desto wichtiger ist die Anmoderation und Vorbereitung für das Publikum.

Moderation nach der Predigt

Schon im Vorfeld sollte man die Hauptaussage der Predigt für die eigene Abmoderation wissen. Es ist jedoch hilfreich, während der Predigt diese mitzuschreiben. Es geht um die Wirkung der Predigt als Ganzes und zu erkennen, wo die Schwerpunkte lagen und was ausgesagt wurde.

Tipps

- Wiederhole kurz den die Hauptaussage der Predigt.
- Gebe eine kurze Anwendung für die Aussage der Predigt durch ein Beispiel. („Lasst uns doch diese Woche probieren…")
- Eine weitere Möglichkeit ist es, dem Prediger kurz zu danken. Evtl. kann man auch einen Applaus initiieren. Dies ist auch gerade bei sehr tief emotionalen Themen möglich, da es die evtl. Anspannung löst.
- Zusätzlich kannst du das Thema der Predigt mit einem Angebot, wie z. B. für ein persönliches Gebet im Anschluss, verbinden.
- Du solltest es vermeiden, die Predigt zu ergänzen, ein neues Bild aufzugreifen oder einen neuen Punkt zu benennen usw. Denn dies wird vom Publikum als Korrektur wahr genommen und schwächt die Aussage der eigentlichen Predigt.

REDE & PREDIGT

Einleitung Rede & Predigt

Wenn man vor Leuten spricht, möchte man sie begeistern, seinen Inhalt vermitteln und gut kommunizieren. Dabei ist es nicht nur wichtig, authentisch zu wirken, sondern auch die Leute inhaltlich und emotional abzuholen.

Im Folgenden findest du als erstes allgemeine Punkte für das Sprechen vor Leuten: welche Punkte es für eine überzeugende Ansprache benötigt, die Wahl einer Visualisierung u. a. Diese übergreifenden Punkte können in der Kommunikation als Redner in die unterschiedlichen Abläufe einfließen.

Im Anschluss befinden sich verschiedene Gliederungen und Strukturen für Reden. Ob bei einer Rede, Predigt oder auch anderen Vorträgen vor Publikum ist für eine gute Kommunikation eine Struktur hilfreich und wünschenswert. So können die Zuhörer besser folgen und das Thema verstehen.

Der Inhalt deiner Rede kann auf unterschiedliche Weise kommuniziert werden. So kann z. B. aufgrund der Exegese und des Inhaltes eine passende Struktur gewählt werden. Diese kann je nach Thema und eigenem Typ sehr unterschiedlich ausfallen. Probiere unterschiedliche Gliederungen aus, um eine optimale Kommunikation deines Themas zu erreichen.

Für alles gilt: Du machst den Unterschied! Denn erst durch deine persönliche Art und Weise, kannst du die Strukturen mit Leben füllen.

Fünf Elemente, um zu überzeugen

Kevin Dutton, ein Psychologe an der University of Cambridge, geht davon aus, dass Überzeugungskraft auf fünf Elementen beruht:

„Die Botschaft muss einfach und überraschend sein, unser Eigeninteresse ansprechen und von einem Menschen vorgebracht werden, der Empathie und Selbstvertrauen ausstrahlt."

Einfach
Es ist wichtig, wie man etwas sagt. Einfach ist gut, kompliziert ist schlecht. Simple Erzählstrukturen erleichtern das Verständnis.

Gefühltes Eigeninteresse ansprechen
Was ist der Vorteil für die Zuhörer? Der Nutzen für die Zuhörer soll hier aufgezeigt werden. Dadurch erhöht sich u. a. ihre Aufmerksamkeit.

Überraschungseffekt
Überraschende und emotionale Punkte erreichen zuerst das Herz. *„Wenn du Herz und Kopf gewinnen willst, dann beginne mit dem Herzen."* Drew Westen.

Selbstvertrauen ausstrahlen
Glaube, dass das, was du sagst, wichtig ist. Nur Vertrauen kann Vertrauen erzeugen.

Empathie zeigen
Emotionale Distanz zum Zuhörer reduzieren und Gemeinsamkeiten aufzeigen.

Grundlagen der Schlagfertigkeit

Auf einer Bühne ist eine gewisse Schlagfertigkeit zum Vorteil, um auf gegebene Umstände gut reagieren zu können (bei Interviews, Zwischenrufen etc.). Diese kann man trainieren.

Der nicht geschlossene Bogen

Je größer der gedankliche Bogen ist, den man noch ergänzen muss, desto schlagfertiger wirkt die Antwort. Beispiel: „Du siehst ja heute struppelig aus." - „Dir fehlt ja auch wie mir der Spiegel zu Hause." (anstatt: „Du ja auch.")

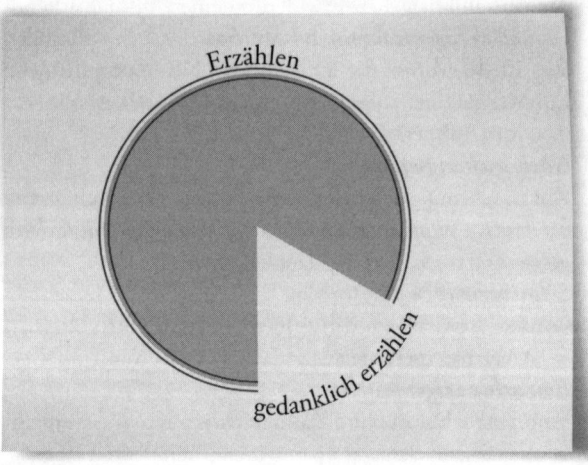

Absurde Situation

Je absurder das Szenario, desto schlagfertiger wirkt eine Erwiderung. Beispiel: „Schreib doch ‚Herzlichen Glückwunsch' auf die Torte." - „Gut, hol mir mal die Schreibmaschine."

Assoziatives Denken

Zu einem Stichwort artverwandte Einfälle zu haben, macht eine Schlagfertigkeit aus. Beispiel: Abkürzungen falsch deuten (VW = verarbeitete Wolle).

Absichtliches Missverstehen

Aufgrund der eigenen Erwiderung einer Aussage erkennt der andere, dass man es selber absichtlich falsch verstanden hat. Beispiel: „Spreche ich zu schnell? Kommst du noch mit?" - „Wohin?"

Mit Nonsens reagieren

Auf zu persönliche oder unpassende Fragen kann man mit Nonsens reagieren. So kann man schlagfertige Antworten geben und der Situation galant begegnen. Beispiel: „Welche Charaktereigenschaft ist deine schlimmste?" - „Meine Achselnässe."; „Wo liegt dein Fehler?" - „In der Schublade."

Man kann auch mit Standardantworten auf unangebrachten Fragen reagieren:

- „Das kommt auf die Jahreszeit an."
- „Da muss ich erst mal meinen Therapeuten fragen."

121

Visualisierung/Analogie

Um die Hauptaussage bei deiner Predigt oder Rede zu verdeutlichen, empfiehlt es sich, diese zu visualisieren. Dies kann z. B. ein Gegenstand sein, anhand dessen die Aussage erklärt und verdeutlich wird. Dadurch werden die Verständlichkeit und die emotionale Aufladung des Punktes klarer. Wenn möglich, nimm den Gegenstand in die Hand und agiere damit.

Beispiel:
Hauptaussage der Predigt: Vertraue Gott.
Visualisierung: Ein Sicherungsseil.
Anhand dieses Gegenstandes werden verschiedene Punkte weiter erläutert (gibt Halt, verhindert Stürze etc.) und auf die Hauptaussage hin übertragen (Gott gibt Halt).

Tipps
- Suche anhand deiner Hauptaussage die Visualisierung (z. B. Vertrauen ist wie ...).
- Nutze ein Brainstorming im Team für die Wahl einer Visualisierung.
- Gibt es ein passendes Give-away für das Publikum?

Vorsicht: Der Inhalt muss zur Visualisierung passen bzw. übertragbar sein. Ansonsten kann sich das Publikum getäuscht fühlen. Achte auch darauf, dass der Vergleich wirklich zum Verständnis dient und die Hauptaussage (anstatt einer Randbemerkung) visualisiert.

Schema des Redenverfassens

IDEMA ist ein Ablauf von der Vorbereitung bis zum
Halten der Rede oder des Vortrags. Dieses Muster stammt
aus der antiken Rhetorik und hat sich bis heute nicht
verändert.

Es kann sehr hilfreich sein, sich bei der Vorbereitung
an diesen Ablauf zu halten. Denn oft werden Aspekte
nicht beachtet (z. B. das Erlernen der Reden). Anhand
des Ablaufs kann so eine gute Vorbereitung gewährleistet
werden.

I= *invention*
Das Auffinden des Stoffes

D= *dispositio*
Das wirkungsvolle Anordnen des Stoffes

E= *eluctio*
Das Ausformulieren der Rede

M= *memoria*
Das Erlernen der Rede

A= *actio*
Das Halten der Rede

Fragen zur Vorbereitung

Für die Vorbereitung einer Predigt oder Rede geht es immer um eine Veränderung des Publikums. Man möchte sein Thema und den Inhalt zu ihnen kommunizieren, um sie davon zu überzeugen. Der daraus folgende Appell zum möglichen Handeln erfordert eine Veränderung der Einstellung oder Sichtweise des Publikums.

Folgende Fragen sind für die Vorbereitung hilfreich, um gezielt sein Thema dem Publikum näher zu bringen:

- Was möchte ich sagen? (Dies schärft die Thematik)
- Warum möchte ich das sagen? (Die Antwort gibt der Thematik einen Sinn und begründet sie.)
- Was möchte ich, dass die Zuhörer mitnehmen? (Es stellt sicher, dass die Thematik umgesetzt wird.)
- Warum möchte ich, dass die Zuhörer das mitnehmen? (Begründet die Umsetzung.)

Je besser man sein Publikum kennt und einschätzen kann, desto größer ist das Verständnis, welches man ihnen entgegen bringen kann. So sollte man sich mit den bisherigen Einstellung und Handlungsweise des Publikums beschäftigen. Zusammen mit dem Thema der Rede können somit die daraus folgende Bewegung/Handlung des Publikums erarbeitet werden.

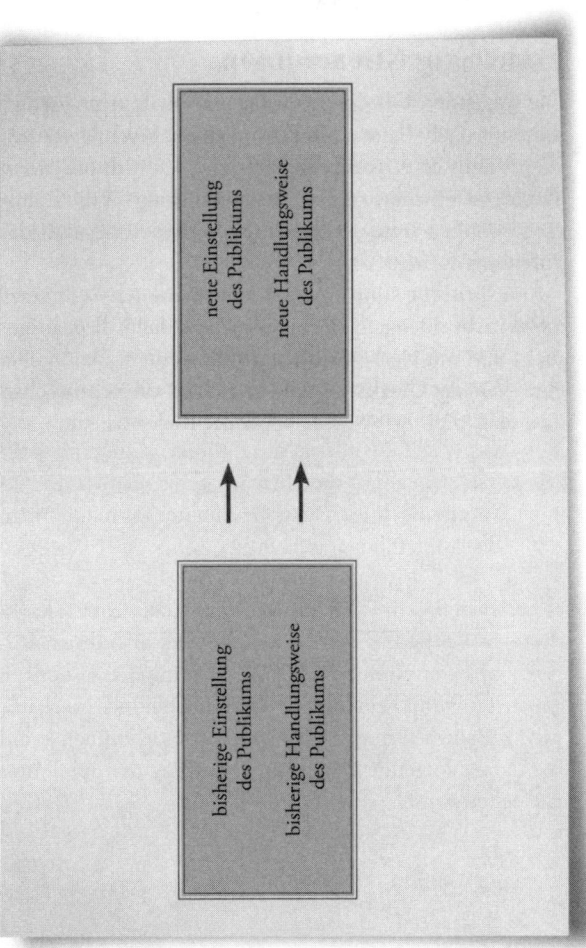

bisherige Einstellung
des Publikums

bisherige Handlungsweise
des Publikums

neue Einstellung
des Publikums

neue Handlungsweise
des Publikums

Einleitung Gliederungen

Die folgenden Gliederungen für eine Rede oder Predigt sollten je nach Thema und Persönlichkeit gewählt werden. Wenn man öfter vor Leuten spricht, kann durch einen Wechsel der Struktur eine gute Abwechslung für die Zuhörer geschaffen werden. Durch die Veränderung wird das Publikum aufmerksam.

Eine Struktur sollte immer das Thema unterstützen und dieses nicht einengen. Dementsprechend sollte diese ausgesucht und mit eigenem Inhalt gefüllt werden. Durch eine gute Wahl der Gliederung wird es auch unwahrscheinlicher, dass man wichtige Aspekte bei seiner Rede vergisst.

Klassische Predigt

Die beiden Predigtabläufe unterscheiden sich beim Zeitpunkt der Nennung des Themas. Beim induktiven Ablauf wird erst durch die vorangestellten Argumente das Thema deutlich gemacht. Eine deduktive Argumentation funktioniert genau umgekehrt, indem zuerst die eigentliche Aussage getätigt wird und diese anschließend ausgeführt und begründet wird.

Deduktiver Predigtablauf
- Einleitung und Interesse wecken
- Thema benennen
- Punkt 1:
  Standpunkt, Begründung, Beispiel, Anwendung
- Punkt 2:
  Standpunkt, Begründung, Beispiel, Anwendung
- Punkt 3:
  Standpunkt, Begründung, Beispiel, Anwendung
- Zusammenfassung & Appell

Induktiver Predigtablauf
- Einleitung und Interesse wecken
- Punkt 1:
  Standpunkt, Begründung, Beispiel, Anwendung
- Punkt 2: s. o.
- Punkt 3: s. o
- Thema benennen
- Zusammenfassung & Appell

5-Punkte-Formel

Dieser Aufbau eines Vortrages kommt aus der klassischen Rhetorik. Die 5-Punkte-Formel ist ein universelles Werkzeug, mit dem man eine überzeugende Präsentation wiedergeben kann. Unabhängig von dem Thema kann diese Gliederung die Aufmerksamkeit des Publikums erhöhen.

1. Einleitung: Interesse wecken

Die Einleitung kann durch einen originellen oder außergewöhnlichen Einstieg erfolgen. Ist das Interesse bei den Zuhörern geweckt, steigt die Bereitschaft, mehr über das Thema hören zu wollen.

2. Darlegung: Sagen, worum es geht

Als nächsten Schritt gibt es eine kurze Schilderung des Themas.

3. Untersuchung: Begründung und Bespiele bringen

Die Vorteile werden aufgezeigt und die Einwände dazu entkräftet. Diese Begründung des Themas und das ein oder andere Beispiel dienen dazu, das Thema dem Zuhörer verständlich zu machen.

4. Fazit

Eine kurze Zusammenfassung schließt die Ausführungen ab.

5. Aufforderung zum Handeln

Im Anschluss daran folgt ein Aufruf an das Publikum, das Thema in die Tat umzusetzen, der gleichzeitig die Predigt oder Rede beendet. Hilfreich ist es, den persönlichen Nutzen zu betonen.

AIDA

Das Stufenmodell enthält vier Phasen, welche der Adressat durchlaufen soll. Die vier Phasen werden als gleich wichtig angesehen, können sich allerdings überschneiden. Dieses über 100 Jahre alte Modell von Elmo Lewis (1898) wurde ursprünglich für den Verkauf entwickelt. Auch heute findet es im Vertrieb, der Werbung, sowie auch bei Präsentationen und Moderation seinen Einsatz.

Attention:
Ziehe die Aufmerksamkeit der Zuhörer auf dich.

Interest:
Gewinne das Interesse des Publikums für das Thema.

Desire:
Erzeuge Wünsche zur Veränderung im Hauptteil der Rede und zeige die Vorteile auf.

Action:
Rufe zum Handeln und zur Veränderung auf.

Plus-Minus-Schema

Dieses Schema kann für eine klare Problembeschreibung genutzt werden. Durch das Aufzeigen der verschiedenen Lösungsansätze wird eine gewisse Ausgewogenheit dargestellt. Dem Zuhörer werden zu jedem Ansatz Vor- und Nachteile aufgezeigt. So wird deutlich, dass die ausführliche Recherche und die Begründung der Aussage Hand und Fuß hat. Durch die Struktur kann man seinen eigenen Vorschlag hervorheben und begründen.

- Das Problem wird zu Beginn beschrieben.
- Eine Lösung des Problems wird angekündigt.
- Andere Lösungsansätze werden entkräftet. Diese werden zuerst mit wenigen Pluspunkten und dann vielen Minuspunkten bewertet.
- Eine eigene Lösung wird vorgestellt, die zuerst mit wenigen Minuspunkten und dann mit vielen wichtigen Pluspunkten vermittelt wird.
- Die eigene Lösung wird begründet.
- Verschiedene Beispiele werden dazu aufgezeigt.
- Der Abschluss ist ein Aufruf zum Handeln.

✎ siehe auch Predigt & Rede: Problemlösungsformel (S.134)

GHM-Formel

Ein chronologischer Ablauf bietet sich für einen größeren Ausblick eines Themas, Organisation o. ä. an. Es wird der bisherige Verlauf einer Sache bzw. einer Geschichte dargestellt und den Zuhörern erklärt. Somit wird ein größeres Verständnis für die Geschichte der Thematik deutlich. Mit diesem Hintergrund wird der Ausblick in die Zukunft nachvollziehbarer.

Diese Struktur kann für die Vermittlung eines größeren Ziels, einer Vision o. ä. nützlich sein.

Gestern

Was war? Am Anfang wird mit einem kleinen Rückblick begonnen.

Heute

Was ist? Hier wird eine Bestandsaufnahme der Situation oder der Thematik aufgezeigt.

Morgen

Was wird sein? Nach der Erläuterung der Vorgeschichte und des aktuellen Zustands schließt ein Ausblick in die Zukunft die Rede ab.

1-2-3 Formel

Die 1-2-3 Formel kann durch ihre einfache Struktur einen Rahmen bieten, mit dem man schnell ein Thema für das Publikum erarbeiten kann. Gerade bei einem knapp bemessenen Zeitrahmen kann durch diese Formel ein Thema trotzdem zufriedenstellend und verständlich gegliedert dargestellt werden. Die Vorgaben ermöglichen es, entscheidende Punkte hervorzuheben.

Einleitung

- <u>Begrüßung</u> des Publikums
- <u>Dank:</u> Wenn eine Einladung für den Redner erfolgt ist, wird ein Dank dafür ausgesprochen.
- <u>Thema nennen:</u> Das Thema wird konkret benannt und kurz umrissen.
- <u>Interesse wecken:</u> Durch verschiedene Aspekte und eventuellen Nutzen für das Publikum wird das Interesse geweckt.

Hauptteil

- <u>Fakten:</u> Verschiedene Fakten, die die Hauptaussage des Themas stützen, werden angeführt.
- <u>Beispiele:</u> Zur Verdeutlichung der Hauptaussage dienen Beispiele zu den Fakten.
- <u>Begründung:</u> Durch eine Verbindung und Begründung der Fakten, wird dem Zuhörer das Thema verständlicher.

Schluss

- <u>Wiederholung und Zusammenfassung:</u> Eine kurze Zusammenfassung beschließt den Vortrag.
- <u>Aufruf zum Handeln:</u> Beendet wird die Rede mit einem Aufruf zur Umsetzung des Gehörten. Dazu sollte auch die positive Veränderung und die „Belohnung" benannt werden („Warum lohnt es sich dem Aufruf zu folgen?").

Standpunktformel

Bei einer Diskussion werden verschiedene Standpunkte benannt und man tauscht sich darüber aus. Durch die folgende Struktur kann man z. B. im Vorwege seine Argumente erarbeiten und auch die Konsequenzen daraus benennen. So entsteht eine ausgewogene Betrachtung des eigenen Standpunktes. Dieser kann dann in der Diskussion oder vor einem Publikum vorgebracht werden. Da auch Argumente, Beispiele und Konsequenzen genannt werden, ist der Standpunkt für die Zuhörer klarer.

- Der Standpunkt wird vorgestellt.
- Es werden verschiedene Argumente dazu genannt.
- Beispiele begründen die Argumente.
- Es folgt die Konsequenz, die aus dem Standpunkt entsteht.
- Ein Appel zum Handeln schließt den Vortrag ab.

Problemlösungsformel

Geht es in einem Vortrag um eine bestimmte Problemdarstellung, so kann diese Formel für die Erarbeitung der Thematik dienen. Bei jeder Darstellung einer Problematik sollte nicht mit einem Lösungsvorschlag begonnen werden. Erst wenn das Publikum den Weg des genannten Vorschlages nachvollziehen kann, wird für sie der Grund der Lösung verständlicher.

Die einzelnen Punkte, die es für eine Veränderung benötigt, sind in dieser Gliederung aufgelistet. So kann allein das Erarbeiten der Themen eine Lösung besser erkennbar machen.

- Die Lage wird analysiert. Welche Situation herrscht wirklich vor?
- Die Ursache wird dargestellt. Was ist der eigentliche Auslöser des Problems?
- Das Ziel wird bestimmt. Was soll bezüglich des Problems erreicht werden?
- Die Lösungsvorschläge, mit denen das gesteckte Ziel zu erlangen ist, werden präsentiert.
- Ein Appell schließt den Vortrag. Was sind die nächsten Schritte, die getan werden müssen?

⮑ siehe auch Predigt & Rede: Plus-Minus-Schema (S.130)

Dialektischer Fünfsatz

Bei dieser Gliederung verbindet sich die Rede und Gegenrede zu einem gemeinsamen Vortrag. Durch die gegensätzlichen Standpunkte wird dem Zuhörer vermittelt, dass man sich ausführlich mit der Thematik beschäftigt hat. Die Argumentation wird durch die unterschiedlichen Sichtweisen aufgebaut und abschließend mit dem eigenen Standpunkt oder Kompromiss zu einem Ende gebracht. Gerade bei kontroversen Themen dient diese Redestruktur dazu, seine eigenen Überzeugungen zu vermitteln und einen Konsens zu erreichen.

- Das Thema wird benannt.
- Pro-Standpunkt: Ein bis zwei Argumente werden für diese Ansicht aufgezeigt.
- Contra-Standpunkt: Auch hier werden ein bis zwei Argumente angeführt.
- Synthese/Zusammenfassung, Urteil, eigener Standpunkt: Im Anschluss werden beide Standpunkte zusammengefasst und ggf. miteinander verbunden. Eine Beurteilung dieser Punkte untermauert die eigene Sichtweise.
- Ein Appell zum Handeln auf Grund der Argumentation schließt den Vortrag ab.

Dankrede

Personen sollte in der Öffentlichkeit oft gedankt werden. Denn die Ehrung von Teams und auch einzelner Personen ermutigt und motiviert diese und das Publikum. Diese Redestruktur ist für offizielle Dankesreden bei Veranstaltung gut verwendbar. Aber auch in einer kleinen Runde können gerade die einzelnen Punkte benannt werden und somit der Danksagung Überzeugungskraft geben.

„Ich bin dankbar, nicht weil es vorteilhaft ist, sondern weil es Freude macht." Seneca

- *Die Anrede des Publikums*: Die Rede beginnt mit einer Begrüßung.
- *Einen Rückblick präsentieren*: Das Aufzeigen der Handlungen in der Vergangenheit verdeutlicht den Grund der Dankesrede.
- *Die Würdigung der Gesamtleistung*: Der Rückblick wird mit einer Hervorhebung der Gesamtleistung verbunden.
- *Die Herausstellung bedeutender Einzelleistungen*: Um ein größeres Verständnis für die folgende Danksagung zu schaffen, werden konkrete Beispiele der Handlungen vorgestellt. Sie sollten als kurze Geschichte wiedergegeben werden, da sie so anschaulicher und emotionaler auf die Zuhörer wirken.
- *Es folgt die eigentliche und aufrichtige Danksagung* an die entsprechenden Person/en.

- *Ein Ausblick auf die Zukunft* verrät, welchen weiteren Weg die Person/en gehen werden und leitet zum abschließenden Appell an das Publikum über.
- *Der Schluss mit einer kurzen Zusammenfassung und einem Appell* greift die Würdigung und Taten auf. Diese werden mit einem Appell zum Handeln an das Publikum verbunden (z. B. „Lasst uns doch genauso…").

Trauerrede

Eine Trauerrede zu halten ist nie einfach. Durch den Schmerz, der Trauer und den Emotionen der Zuhörer ist eine große Empathie des Redners notwendig. Sie kann durch die eigene Anteilnahme und den eigenen Emotionen ausgedrückt werden. Hilfreich ist es, wirklich persönlich zu werden. So kann durch eine gute Vorbereitung der Punkte und auch das Aufzeigen des Verhältnisses zum Verstorbenen, eine Verbindung zu den Zuhörern geschaffen werden. Man teilt gemeinsam das Leid und würdigt eine Person.

- *Anrede der Familie des Verstorbenen*: Zu Beginn der Rede werden die Angehörigen direkt angesprochen.
- *Anrede der Trauergemeinde*: Erst anschließend werden die anderen Anwesenden begrüßt.
- *Das persönliche Verhältnis zum Verstorbenen* wird genannt, um so die eigene Betroffenheit der Trauergemeinde zu verdeutlichen.

- ***Der Rückblick***: Durch das Aufzeigen des Lebens des Verstorbenen, werden die Eckpunkte, Verdienste und die guten Eigenschaften betont.
- ***Die Todesumstände***: Wie ist die Person verstorben und wie kam es dazu?
- ***Das Gefühl der Trauer und des Mitgefühls***: Mit seiner eigenen Art und Weise drückt man sein Mitgefühl und die Anteilnahme für den Verlust bei der Familie aus. Dieses sollte sehr persönlich und aufrichtig erfolgen.
- ***Der Schluss***: Mit dem Hinweis auf ein ehrendes Andenken des Verstorbenen wird die Trauerrede beendet.

DIVERSES

Bestandteile eines Events

Egal welche Art von Event stattfindet, es besteht aus neun verschiedenen Elementen, wobei der Mensch im Mittelpunkt steht. Je nach Veranstaltung sind diese Elemente verschieden stark ausgeprägt.

Auslöser
Es geht um Aufmerksamkeit zu erzeugen und Leute teilhaben zu lassen. Was ist der Grund dabei zu sein?

Zeit
Welche zeitlichen Aspekte hat das Event? Gibt es eine Ausdehnung auf vorher/nachher (z. B. Empfang vor dem Event etc.)

Dimension
Welche größere Auswirkung hat die Veranstaltung? Gibt es eine kleine oder große Tragweite, z. B. Ausdehnung auf das Internet?

Ort
Orte gewinnen dramatisch an Bedeutung. Welche Geschichte wird durch den Ort kommuniziert und welchen Effekt hat dieser auf das Event?

Rituale
In dem „Togetherness" bündelt sich die Sehnsucht nach Gemeinschaft. Interaktivität statt Zuhören. Gemeinsame und gewohnte Aktionen verbinden (z. B. Singen).

Kommunikation
Menschen sprechen mit Menschen über eine relevante Thematik. Eine Basis kann auch das Internet bieten. Durch

Kommunikation findet eine Auseinandersetzung mit dem Thema und den Werten statt.

Emotionen

Keine Emotionen ohne Relevanz. Durch Gefühle werden Erinnerungen geschaffen. Somit bleibt der Event und sein Thema im Gedächnis der Zuschauer.

Geld

Welchen finanziellen Rahmen hat das Event und welcher Nutzen entsteht (finanziell/immateriell)?

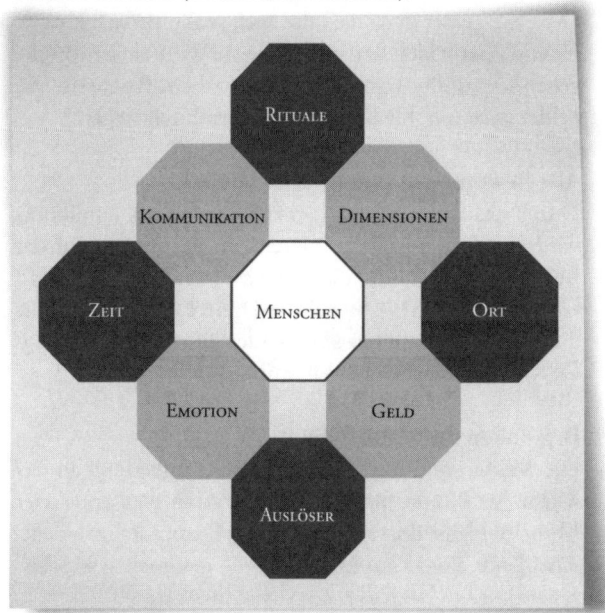

Goldenes Dreieck

Das Fachgebiet des Theaters unterteilt die Bühne in neun Felder für das Agieren. Dadurch, dass du dich auf der Bühne bewegst, erhältst du eine größere Aufmerksamkeit, da dem Auge Abwechslung geboten wird. Die Bewegungen auf der Bühne sind wie das Salz in einer Suppe. Ohne schmeckt sie nicht. Aber man kann eine Suppe auch versalzen.

Gehe gerade und ganze Wege

Gehe die Felder diagonal oder auch senkrecht. Man sollte nicht umher schlendern oder krumme Wege auf der Bühne gehen, denn dies signalisiert Unsicherheit. Beschreite die Felder ganz und bleibe nicht zwischendurch stehen.

Alle Bewegungen verlaufen im Dreieck

Durch das aktive gehen in eine Richtung des Publikums wird automatisch deren Interesse an der Aktion auf der Bühne geweckt. Nutze die Dreiecksbewegungen wie folgt: CS/DSR/CS/DSL/CS. Bei der Dreiecksbewegung muss die Bühnenbalance bewahrt werden (nicht CS/DSR/CS/DSR). Wechsle also die Seiten ab.

Beginne in der Mitte (CS)

Die Moderation und Predigt beginnt unbedingt in der Mitte der Bühne. Bei einer Moderation von unter vier Minuten bleibe dort stehen. In einer Predigt sollte der entscheidende Punkt am Ende bei DCS gesprochen werden.

✎ mehr zu diesem Thema im Buch: Der Moderations-Trainer

Down Stage Left **DSL**	Down Center Stage **DCS**	Down Stage Right **DSR**
Center Left **CL**	Center Stage **CS**	Center Right **CR**
Up Stage Left **USL**	Up Center Stage **UCS**	Up Stage Right **USR**

Publikum

143

Übergänge

Man kann die Bedeutung der Übergänge der Programmelemente im Gottesdienst kaum überbewerten. Die Zuschauer sind es gewohnt, dass bei einer Veranstaltung, ganz gleich welcher Art, alles im Fluss ist. Gibt es Unterbrechungen oder Pausen, sinkt sofort die Aufmerksamkeit. Man muss das Publikum wieder neu gewinnen und erschwert so das Zuhören und das Aufnehmen des Themas.

Wenn etwas nicht im Fluss ist, entstehen Ablenkungen. Um das zu vermeiden, empfiehlt es sich, die Übergänge vorab zu proben.

Tipps

- Bei Umbauten kann das Keyboard oder ein anderes Instrument weiterspielen, bis diese erledigt sind. Schon bei der Planung müssen die Übergänge beachtet werden.
- Es wird vorab definiert, wer von welcher Bühnenseite auf- und abgeht. Auf- und Abgänge sind fließend und verlaufen vorzugsweise parallel.
- Stichworte für das nächste Element werden abgesprochen.
- Je aufgeräumter die Bühne ist, desto weniger Gegenstände können den Zuschauer ablenken (Kabel etc.).
- Weiterführende Slides werden z. B. während der Umbauten über den Beamer angezeigt.
- Es werden der Inhalt und die Emotionen der Elemente beachtet.

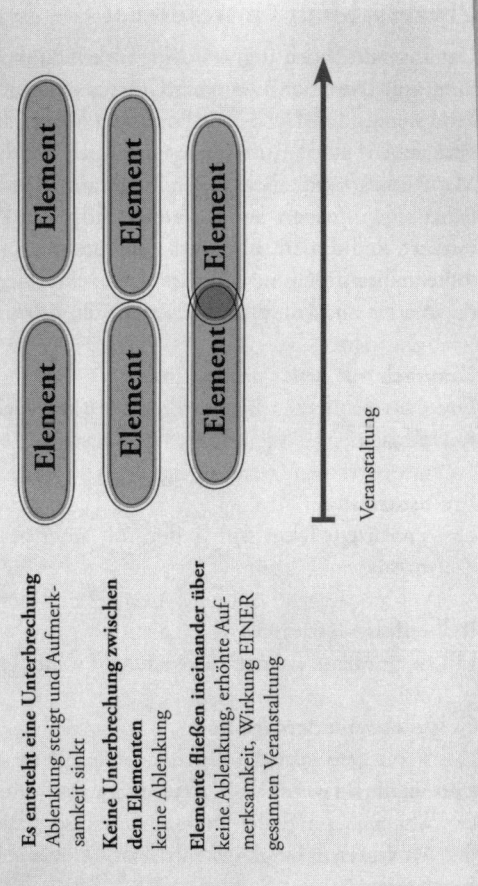

Es entsteht eine Unterbrechung
Ablenkung steigt und Aufmerksamkeit sinkt

Keine Unterbrechung zwischen den Elementen
keine Ablenkung

Elemente fließen ineinander über
keine Ablenkung, erhöhte Aufmerksamkeit, Wirkung EINER gesamten Veranstaltung

Veranstaltung

Prozessablauf Gottesdienst

Der folgende Ablauf zeigt eine Möglichkeit für die Entwicklung und Durchführung eines Gottesdienstes mit einem Produzenten auf. Der Name Produzent klingt für manche bezogen auf einen Gottesdienst sicherlich weit hergeholt. Man könnte Gottesdienstleiter, Programmleiter oder ähnliches sagen. Jedoch ist der Name richtig: Ein Produzent initiiert, koordiniert, überwacht und steuert. Die Person sollte in diesem Rahmen der Gestaltung eines Gottesdienstes kreative und koordinative Fähigkeiten haben.

Gespräch mit dem Prediger/in
Von dem Prediger erhält der Produzent das Ziel und die Keymessage.

Brainstorming
Der Produzent leitet das Treffen mit einer bestimmten Zielvorgabe.

Reihenfolge festlegen
Ein erster Ablauf für den Gottesdient wird festgelegt.

Gespräche mit den Teams
Der Produzent gibt die für den Gottesdienst wichtigen Informationen weiter (Ziel, Keymessage usw.). Auf demselben Weg besorgt sich der Produzent die Informationen von den Mitarbeitern bezgl. der Lieder und weiterer kreativen Elementen.

weiter auf Seite 148

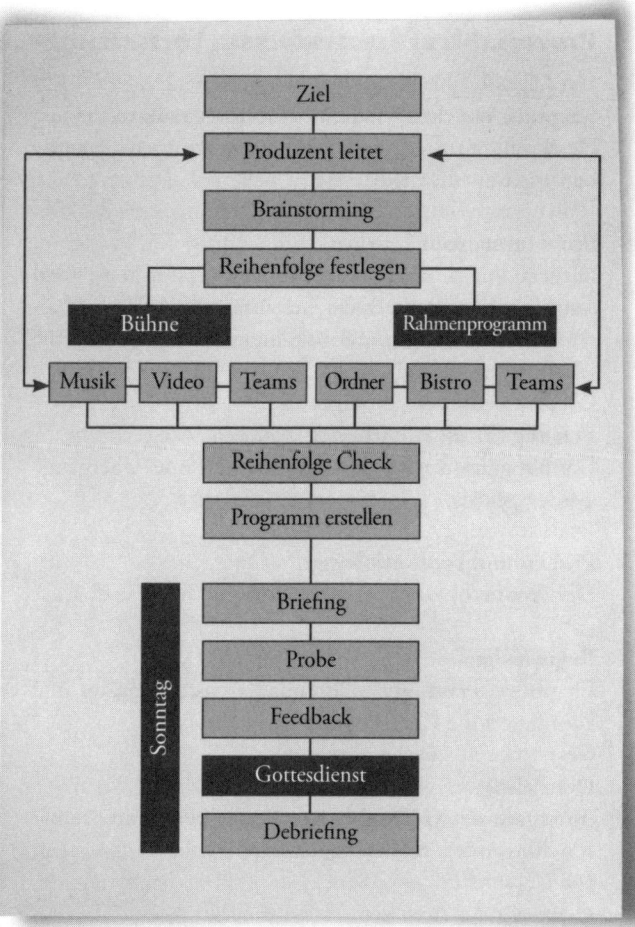

Ziel

Produzent leitet

Brainstorming

Reihenfolge festlegen

Bühne

Rahmenprogramm

Musik — Video — Teams — Ordner — Bistro — Teams

Reihenfolge Check

Programm erstellen

Briefing

Probe

Feedback

Gottesdienst

Debriefing

Sonntag

147

Prozessablauf Gottesdienst (Fortsetzung)

Gespräch mit dem Moderator/in und Prediger/in
Der Produzent informiert die Beteiligten über Elemente und Ziele des Gottesdienstes.

Programmablauf erstellen
Die endgültige Reihenfolge für den Gottesdienst wird festgelegt. Passen die Elemente zusammen? Wie verhalten sich Stimmung und Inhalt zueinander? Wie sind die Übergänge?

Briefing für die Mitarbeiter
Das Programm wird durchgesprochen und Übergänge werden geklärt.

Proben und Feedback leiten
Der Produzent koordiniert die Probe und das Feedback.

Regie führen
Er gibt Anweisungen während des Gottesdienstes und koordiniert die Übergänge.

Debriefing
Am Ende des Gottesdienstes findet ein gemeinsamer Abschluss mit allen Beteiligten statt.

✎ mehr zu diesem Thema im Buch: Der Gottesdienst-Trainer

Feedback geben

Wenn du ein Feedback gibst, beachte dabei Folgendes:

Sprich und schaue die Person direkt an
Sprich nicht in der dritten Person.

Betone das Positive
Was war gut und was kann man besser machen (nicht positiv und negativ)?

Bewerte nicht
Unterstelle keine möglichen Motive und interpretiere nicht.

Sei persönlich
Gebrauche Ich-Botschaften: „Ich habe beobachtet...", anstatt „Man merkt, dass...".

Werde konkret
Beachte dabei folgende Punkte:
- Wahrnehmung: An welcher Situation kann ich meine Beobachtung festmachen?
- Wirkung: Wie hat dies auf mich gewirkt?
- Wunsch: Wie soll es konkret sein?

Überprüfe deine Motivation
Warum gebe ich einer Person ein Feedback? Möchte ich ihr wirklich helfen und sie unterstützen?

Gezieltes Feedback

Es kann schnell passieren, dass man sich in diversen Feedback-Gesprächen verliert und diese nicht alle umsetzen kann. Aus diesem Grund kann ein gezieltes Feedback auf bestimmte Bereiche eine gute Möglichkeit bieten.

Gib ein Feedback zu Tendenzen

Welche Punkte haben sich eingeschlichen, die als störend wahrgenommen werden und öfters auftreten. Passiert etwas nur einmal, kann es ignoriert werden. Tritt es gehäuft auf, ist das ein Grund für ein konkretes Feedback.

Gib ein Feedback zu Bereichen

Um an gewissen Bereichen oder Punkten zu arbeiten, kann man ein Feedback gezielt darauf ausrichten und in der Zeit andere Aspekte außer Acht lassen. Konzentriere dich auf ein Thema, z. B. Übergänge, Blickkontakt oder Störungen.

Gib den Verantwortlichen ein Feedback

Je nach Aufgabenverteilung gibt es für die verschiedenen Arbeitsbereiche verantwortliche Leiter/innen. Da diese Personen mit ihren Teams zusammen arbeiten, kennen sie auch deren Entwicklung und Leistungsstand gut. Wenn du ihnen ein Feedback zu ihren Mitarbeitern gibst, können sie dieses in den Entwicklungsprozess des Teams einfließen lassen.

Feedback erhalten

Durch Feedback kann man sich entwickeln und wächst in seinen Begabungen und an seinem Charakter. Darum ist Feedback notwendig und hilfreich.

Liebe Feedback

Feedback ist wie das Benzin für einen Motor. Lerne es zu lieben, denn es bringt dich persönlich voran.

Sei für Feedback offen

Viele Menschen haben eher Angst vor einer Rückmeldung. Versuche dafür offen zu werden und suche Feedback. Kein Feedback zu erhalten ist gefährlicher, als Feedback zu bekommen.

Wer gibt dir Feedback

Wenn man persönlich wachsen möchte, benötigt man offenes und ehrliches Feedback von Leuten, denen man vertraut. Frage gezielt nach einer Rückmeldung.

Verarbeite Feedback

Erhalte Feedback und verarbeite es. Jedoch sei dir bewusst, dass deine Identität nicht dein Handeln ausmacht, um das es beim Feedback ging. Wachse an den Rückmeldungen, ändere oder behalte aufgrund dessen Aspekte, aber lass dich nicht dadurch bestimmen. Feedback kann man annehmen und auch wieder loslassen.

Feedback-Modell

Feedback richtig zu geben und selber einzuordnen, fällt nicht immer leicht. Hilfreich dafür ist die Betonung auf die eigene Wahrnehmung („Auf mich wirkt dies...“), anstatt auf Bewertung und Interpretation („Du hörst mir nicht zu...“). Bei einer Rückmeldung sollte es nicht nur darum gehen, was gelungen ist oder was nicht, sondern auch darum, wie man darauf reagieren kann.

Das Modell bietet verschiedene Möglichkeiten, Feedback zu geben und darauf zu reagieren. So kann bei der Rückmeldung der Wunsch nach einem eventuellen Handeln ausgedrückt werden, bspw. etwas zu ändern bzw. nicht zu ändern.

Sollte das Feedback-Gespräch nicht optimal verlaufen sein, gibt die folgende Tabelle eine Hilfestellung zur Analyse. Welche Reaktion ergibt sich darauf für mein Handeln?

Tipp

Gib nie ein Feedback am Veranstaltungstag. Denn aufgrund der Anspannung auf der Bühne fällt es schwer, die Rückmeldung emotional richtig einzuordnen. Ermutige an dem gleichen Tag und übe konstruktives Feedback zu einem späteren Zeitpunkt.

	+	−
+	**RAT** „Fand ich gut, muss aber trotzdem geändert werden."	**KOMPLIMENT** „Fand ich gut und kann auch in Zukunft so bleiben."
−	**KRITIK** „Fand ich schlecht und muss geändert werden."	**HINWEIS** „Fand ich schlecht, kann aber damit leben."

ANHANG

Beispiel für Storydesign

Begrüßung und allgemeiner Überblick zum Thema Vergebung (+ evtl. Lied).

Das auslösende Ereignis (Inciting Incident)
Poetry über das Thema und die verschiedenen Situationen im Leben, wo man anderen vergeben sollte/müsste/könnte.

Zunehmende Komplikation (Progressive Complications)
In einem Video im Nachrichtenstil mit Musik wird von einem tragischen Unfall eines Kindes berichtet. Beginn eines Interviews mit einer Mutter, die bei einem Autounfall ihr Kind verlor.

Krise (Crisis)
Das Interview wird weitergeführt. Die Nöte und Schwierigkeiten der Familie werden aufgezeigt. Frage: Wie kann man dem Unfallverursacher vergeben?

Höhepunkt (Climax)
Eine kurze Predigt greift die Thematik auf und bietet Lösungsansätze. Im weitergeführten Interview berichtet die Mutter, wie sie dem Fahrer vergeben konnte.

Auflösung (Resulotion)
Ein Lied zum Thema schließt die Predigt und das Interview ab. Betonung liegt auf der befreienden Kraft der Vergebung und Ermutigung.

Beispiel für Heldenreise (Kurzform)

Komfort
Lockerer Einstieg in das Thema Vergebung (Moderation und Lied). Betonung liegt auf der angenehmen Situation, wenn Menschen einem wohl gesinnt sind und einem nichts nachtragen (+ evtl. weitere Lieder).

Katastrophe/Konflikt/Wendepunkt
In einem Video oder Theaterstück kommt es zu einer komplizierten und schwierigen Situation in einer Beziehung bzw. einem Gespräch. Diese schließt mit einem offenen Ende und der Frage, wer den ersten Schritt zur Vergebung gehen soll.

Kampf
Die Predigt greift die Problematik auf. In einem Interview wird über eine Situation berichtet, bei der es viele Hindernisse und Kämpfe in einer Beziehung gab. Die Predigt führt das Thema weiter aus und bietet Lösungsansätze.

Veränderung
Ein Solo-Lied schließt das Thema ab und ermöglicht den Zuhörern, sich für neue Wege und Schritte bez. des Themas zu entscheiden.

Literaturverzeichnis

Duarte, Nancy: Resonate. Weinheim: Wiley-VCH Verlag & Co. KGaA, 2012 (S.125)

Dutton, Kevin: Gehirn Flüsterer. München: Deutscher Taschenbuchverlag, 2011. (S.119)

Gatterer, Harry; Wehnelt, Joachim; Schibranji, Gilbert: Event der Zukunft. Wien: Zukunftsinstitut Österreich GmbH, 2011. (S.140/S.141)

Krogerus, Mikael; Tschäppeler, Roman: 50 Erfolgsmodelle. Zürich: Kein & Aber AG, 2008. (S.153)

Mikunda, Christian: Der verbotene Ort oder die inszenierte Verführung. Frankfurt: Redline Wirtschaft, 2005. (S.36/S.56)

Philippi, Reinhard: 30 Minuten für Veranstaltungsdramaturgie. Offenbach: Gabal Verlag, 2003 (S.96)

Pöhm, Matthias: Nicht auf den Mund gefallen! Landsberg am Lech: mvg-verlag, 1998. (S.120/S.121)

Strupler, ND: Maximize your team. Zürich: www.ndstrupler.com, 2012. (S.151)

Recherche für verschiedene Beiträge: www.wikipedia.de

Was wäre...

Was wäre, wenn im Gottesdienst deine Sprache gesprochen wird?

Was wäre, wenn es im Gottesdienst Musik gibt, die du magst?

Was wäre, wenn es dort um die Themen geht, die dich bewegen?

Was wäre, wenn im Gottesdienst dein Leben verändert wird?

Was wäre, wenn im Gottesdienst dir Gott begegnet?

Was wäre, wenn dies durch dich geschieht?

Neben theologischen und inhaltlichen Basics zum Thema, liefert „Der Gottesdienst-Trainer" eine Fülle von kreativen Anregungen, praxiserprobten Strategien sowie zahlreiche umsetzbare Tools für alle, die den Auftrag von Kirche im 21. Jahrhundert leben wollen: Einen Ort zu schaffen, an dem Menschen der Liebe Gottes begegnen.

Detlev Reich
Der Gottesdienst-Trainer
Basics, Strategien und Konzepte
für Gottesdienste am Puls der Zeit
ISBN 978-3-940326-39-3

„Vieles wird kommuniziert, noch bevor das erste Wort gesprochen ist."

Gut rüberkommen, authentisch auftreten, natürlich sprechen, wirkungsvoll moderieren – wer im Gottesdienst oder auf einer Bühne optimal kommunizieren will, braucht mehr als gute Worte. Nur wer die „Regeln der Bühne" verstanden hat, kann auf seine ganz eigene Weise ein Publikum begeistern. „Der Moderations-Trainer" zeigt Schritt für Schritt, wie man Gottesdienste authentisch und zeitgemäß moderieren kann.

Detlev Reich
Der Moderations-Trainer
Authentsich und wirkungsvoll moderieren -
für Gottesdienste am Puls der Zeit
ISBN 978-3-940326-40-9

„Lobpreis ist eine große ‚Show'!?"

Eine Show? Ja, denn gerade während der Lobpreiszeit im Gottesdienst geht es darum, zu zeigen („to show") wie Gott ist. Dieses Buch möchte dich und dein Team dabei unterstützen, als Musiker authentisch und wirkungsvoll eine Lobpreiszeit zu gestalten, die Menschen berührt und bleibend verändert. Hier findest du: Theologische und inhaltliche Basics zum Thema, wichtige Aspekte der Liedinterpretation und deren innere und äußere Wirkung, Tipps zum richtigen Bühnenverhalten uvm.

Detlev Reich
Der Lobpreis-Trainer
Basics, Strategien und Konzepte
für einen authentischen Auftritt
ISBN 978-3-940326-41-6